Y²

(c.)

LE CHEVALIER
DE MAISON-ROUGE.

ROMANS EN VENTE :

Ouvrages de Maximilien Perrin

La Fille d'une Lorette.	4 vol. in-8.
L'Amour et la Faim.	2 vol. in-8.
L'Amant de ma Femme.	2 vol. in-8.
La Fille de l'Invalide.	2 vol. in-8.
Le Mari de la Comédienne.	3 vol. in-8.
Ma vieille Tante.	2 vol. in-8.
L'Ami de la Maison.	2 vol. in-8.
Les Pilulles du Diable.	2 vol. in-8.
Le Garde Municipal.	2 vol. in-8.
Vierge et Modiste.	2 vol. in-8.
Le Domino Rose.	2 vol. in-8.
La Demoiselle de la Confrérie. . . .	2 vol. in-8.
La Servante Maîtresse.	2 vol. in-8.

L'AMOUREUX TRANSI,
PAR PAUL DE KOCK.
8 vol. in-12.

CE MONSIEUR,
PAR CH. PAUL DE KOCK.
6 vol. in-12.

UN SECRET,
Par Michel Raymond.
4 vol. in-12.

LES VIEUX PÉCHÉS,
Par Auguste Bicard et Maximilien Perrin.
3 vol. in-8.

LE TROISIÈME VOLUME SE VEND SÉPARÉMENT.

LA CIRCASSIENNE, par ALEXANDRE DE LAVERGNE.

MÉDINE, par A. de Gondrecourt.
2 vol. in-8.

SCEAUX. — IMPR. DE E. DEPEE.

LE CHEVALIER

DE

MAISON-ROUGE

PAR

ALEXANDRE DUMAS.

1

PARIS
ALEXANDRE CADOT, EDITEUR,
52, RUE DE LA HARPE.

1845
1846

Les enrolés volontaires.

C'était pendant la soirée du 10 mars 1793.

Dix heures venaient de tinter à Notre-Dame, et chaque heure se détachant l'une après l'autre comme un oiseau nocturne élancé d'un nid de bronze, s'était envolé triste, monotone et vibrante.

La nuit était descendue sur Paris, non pas bruyante, orageuse et entrecoupée d'éclairs, mais froide et brumeuse.

Paris lui-même n'était point ce Paris que nous connaissons, éblouissant le soir de mille feux qui se reflètent dans sa fange dorée, le Paris aux promeneurs affairés, aux chuchottemens joyeux, aux faubourgs bachiques, pépinière de querelles audacieuses, de crimes hardis, fournaise aux mille rugissemens, mais une cité honteuse, timide, affairée, dont les rares habitans couraient, pour traverser d'une rue à l'autre, et se précipitaient dans leurs allées ou sous leurs portes cochères, comme des bêtes fauves traquées par les chasseurs, s'engloutissent dans leurs terriers.

C'était enfin, comme nous l'avons dit, le Paris du 10 mars 1793.

Quelques mots sur la situation extrême qui avait amené ce changement dans l'aspect de la capitale, puis nous entamerons les événemens dont le récit fera l'objet de cette histoire.

La France, par la mort du roi Louis XVI, avait rompu avec toute l'Europe. Aux trois ennemis qu'elle avait d'abord combattus, c'est-à-dire à la Prusse, à l'Empire, au Piémont, s'étaient jointes l'Angleterre, la Hollande et l'Espagne. La Suède et le Danemarck seuls conservaient leur vieille neutralité, occupés qu'ils étaient du reste à regarder Catherine II déchirant la Pologne.

La situation était effrayante. La France, moins dédaignée comme puissance physique, mais aussi moins estimée comme puissance morale depuis les massacres de septembre et l'exécution du 21 janvier, était littéralement bloquée comme une simple ville par l'Europe entière. L'Angleterre était sur nos côtes, l'Espagne sur les Pyrénées, le Piémont et l'Autriche sur les

Alpes, la Hollande et la Prusse dans le nord des Pays-Bas, et sur un seul point, du Haut-Rhin à l'Escaut, deux cent cinquante mille combattans marchaient contre la république.

Partout nos généraux étaient repoussés. Miaczinski avait été obligé d'abandonner Aix-la-Chapelle et de se retirer sur Liége. Steingel et Neuilly étaient rejetés dans le Limbourg; Miranda, qui assiégeait Maëstrich, s'était replié sur Tongres. Valence et Dampierre, réduits à battre en retraite, s'étaient laissé enlever une partie de leur matériel. Plus de dix mille déserteurs avaient déjà abandonné l'armée et s'étaient répandus dans l'intérieur. Enfin, la Convention n'ayant plus d'espoir qu'en Dumouriez, lui avait envoyé courrier sur courrier pour lui ordonner de quitter les bords du Biebbos, où il préparait un débarquement en Hollande, pour venir prendre le commandement de l'armée de la Meuse.

Sensible au cœur comme un corps animé, la France ressentait à Paris, c'est-à-dire à son cœur même, chacun des coups que l'invasion, la révolte ou la trahison lui portaient aux points les plus éloignés. Chaque victoire était une émeute de joie, chaque défaite un soulèvement de terreur. On comprend donc facilement quel tumulte avaient produit les nouvelles des échecs successifs que nous venions d'éprouver.

La veille, 9 mars, il y avait eu à la Convention une séance des plus orageuses ; tous les officiers avaient reçu l'ordre de rejoindre leurs régimens à la même heure; et Danton, cet audacieux proposeur de choses impossibles qui s'accomplissaient cependant, Danton, montant à la tribune, s'était écrié : « Les soldats manquent, dites-vous ! offrons à Paris une occasion de sauver la France, demandons-lui trente mille hommes, envoyons-les à Dumouriez, et non-seulement la France est sauvée, mais la Belgique est assurée, mais la Hollande est conquise. »

La proposition avait été accueillie par des cris d'enthousiasme. Des registres avaient été ouverts dans toutes les sections, invitées à se réunir dans la soirée. Les spectacles avaient été fermés pour empêcher toute distraction, et le drapeau noir avait été arboré à l'Hôtel-de-Ville en signe de détresse.

Avant minuit trente-cinq mille noms étaient inscrits sur ces registres.

Seulement, il était arrivé ce soir-là ce qui déjà était arrivé aux journées de septembre : dans chaque section, en s'inscrivant, les enrôlés volontaires avaient demandé qu'avant leur départ les *traîtres* fussent punis.

Les *traîtres*, c'étaient, en réalité, les contre-révolutionnaires, les conspirateurs cachés qui menaçaient au dedans la Révolution menacée au dehors. Mais, comme on le comprend bien, le mot prenait toute l'extension que voulaient lui donner les partis extrêmes qui déchiraient la France à cette époque. Les traîtres, c'étaient les plus faibles. Or, les Girondins étaient les plus faibles. Les Montagnards décidèrent que ce seraient les Girondins qui seraient les traîtres.

Le lendemain, ce lendemain était le 10 mars, tous les députés montagnards étaient présens à la séance. Les Jacobins armés venaient de remplir les tribunes, après en avoir chassé les femmes, lorsque le maire se présente avec le conseil de la commune, confirme le rapport des commissaires de la Convention sur le dévoûment des citoyens, mais répète le vœu, émis unanimement la veille, d'un tribunal extraordinaire destiné à juger les traîtres.

Aussitôt on demande à grands cris un rapport du comité. Le comité se réunit aussitôt, et dix minutes après Robert Lindet vient dire qu'un tribunal sera nommé, composé de neuf juges, indépendans de toutes formes, acquérant la conviction par tous les moyens, divisé en deux sections toujours permanentes et poursuivant, à la requête de la Convention ou directement, ceux qui tenteraient d'égarer le peuple.

Comme on le voit, l'extension était grande. Les Girondins comprirent que c'était leur arrêt. Ils se levèrent en masse.

« Plutôt mourir, s'écrient-ils, que de consentir à l'établissement de cette inquisition vénitienne ! »

En réponse à cette apostrophe, les Montagnards demandent le vote à haute voix.

« Oui, s'écrie Féraud, oui, votons pour faire connaître au monde les hommes qui veulent assassiner l'innocence au nom de la loi. »

On vote en effet, et contre toute apparence la majorité déclare : 1° Qu'il y aura des jurés ; 2° Que ces jurés seront pris en nombre égal dans les départemens ; 3° Qu'ils seront nommés par la Convention.

Au moment où ces trois propositions furent admises, de grands cris se firent entendre. La Convention était habituée aux visites de la populace. Elle fit demander ce qu'on lui voulait; on lui répondit que c'était une députation des enrôlés volontaires qui avaient dîné à la Halle-au-Blé et qui demandaient à défiler devant elle.

Aussitôt les portes furent ouvertes et six cents hommes armés de sabres, de pistolets et de piques apparurent à moitié ivres, et défilèrent au milieu des applaudissemens en demandant à grands cris la mort des traîtres.

— Oui, leur répondit Collot-d'Herbois, oui, mes amis, malgré les intrigues, nous vous sauverons, vous et la liberté.

Et ces mots furent suivis d'un regard jeté aux Girondins qui leur fit comprendre qu'ils n'étaient point encore hors de danger.

En effet la séance de la Convention terminée, les Montagnards se répandent dans les autres clubs, courent aux Cordeliers et aux Jacobins, proposent de mettre les traîtres hors la loi et de les égorger cette nuit même.

La femme de Louvet demeurait rue Saint-Honoré, près des Jacobins. Elle entend des vociférations, descend, entre au club, entend la proposition et remonte en toute hâte prévenir son mari. Louvet s'arme, court de porte en porte pour prévenir ses amis, les trouve tous absens, apprend du domestique de l'un d'eux qu'ils sont chez Pétion, s'y rend à l'instant même, les voit délibérant tranquillement sur un décret qu'ils doivent présenter le lendemain, et qu'abusés par une majorité de hasard ils se flattent de faire passer. Il leur raconte ce qui se passe, leur communique ses craintes, leur dit ce qu'on trame contre eux aux Jacobins et aux Cordeliers, et se résume en les invitant à prendre de leur côté quelque mesure énergique.

Alors Pétion se lève, calme et impassible comme d'habitude, va à la fenêtre, l'ouvre, regarde le ciel, étend le bras au dehors, et retirant sa main ruisselante.

— Il pleut, dit-il, il n'y aura rien cette nuit.

Par cette fenêtre entr'ouverte pénétrèrent les dernières vibrations de l'horloge qui sonnait dix heures.

Voilà donc ce qui s'était passé à Paris la veille et le jour même; voilà ce qui s'y passait pendant cette soirée du 10 mars, et ce qui faisait que dans cette obscurité humide et dans ce silence menaçant, les maisons destinées à abriter les vivans, devenues muettes et sombres, ressemblaient à des sépulcres peuplés seulement de morts.

En effet, de longues patrouilles de gardes nationaux recueillis et précédés d'éclaireurs, la baïonnette en avant; des troupes de citoyens des sections armés au hasard et serrés les uns contre les autres, des gendarmes interrogeant chaque recoin de porte ou chaque allée entr'ouverte, tels étaient les seuls habitans de la ville qui se hasardaient dans les rues, tant on comprenait d'instinct qu'il se tramait quelque chose d'inconnu et de terrible.

Une pluie fine et glacée, cette même pluie qui avait rassuré Péthion, était venue augmenter encore la mauvaise humeur et le malaise de ces surveillans, dont chaque rencontre ressemblait à des préparatifs de combat et qui, après s'être reconnus avec défiance, échangeaient le mot d'ordre lentement et de mauvaise grâce. Puis on eut dit à les voir se retourner les uns et les autres après leur séparation qu'ils craignaient mutuellement d'être surpris par derrière.

Or ce soir-là même où Paris était en proie à l'une de ces paniques, si souvent renouvelées qu'il eût dû cependant y être quelque peu habitué, ce soir où il était sourdement question de massacrer les tièdes révolutionnaires qui, après avoir voté, avec restriction pour la plupart, la mort du roi, reculaient aujourd'hui devant la mort de la reine, prisonnière au Temple avec ses enfans et sa belle-sœur, une femme enveloppée d'une mante d'indienne lilas, à pois noirs, la tête couverte ou plutôt ensevelie par le capuchon de cette mante, se glissait le long des maisons de la rue Saint-Honoré, se cachant dans quelque enfoncement de porte, dans quelque angle de muraille à chaque fois qu'une patrouille apparaissait, demeurant immobile comme une statue, retenant son haleine jusqu'à ce que la patrouille eût passé, et alors reprenant sa course rapide et inquiète jusqu'à ce que quelque danger du même genre vînt de nouveau la forcer au silence et à l'immobilité.

Elle avait déjà parcouru ainsi et impunément, grâce aux précautions qu'elle prenait, une partie de la rue Saint-Honoré, lorsqu'au coin de la rue de Grenelle elle tomba tout à coup, non pas dans une patrouille, mais dans une petite troupe de ces braves enrôlés volontaires qui avaient dîné à la Halle-au-Blé, et dont le patriotisme était exalté encore par les nombreux toasts qu'ils avaient portés à leurs futures victoires.

La pauvre femme jeta un cri et essaya de fuir par la rue du Coq.

— Eh! là, là, citoyenne! cria le chef des enrôlés, car déjà, tant le besoin d'être commandé est naturel à l'homme, ces dignes patriotes s'étaient nommé des chefs. Eh! là, là, où vas-tu?

La fugitive ne répondit point et continua de courir.

— En joue! dit le chef; c'est un

homme déguisé! un aristocrate qui se sauve!

Et le bruit de deux ou trois fusils retombant irrégulièrement sur des mains un peu trop vacillantes pour être bien sûres, annonça à la pauvre femme le mouvement fatal qui s'exécutait.

— Non, non! s'écria-t-elle en s'arrêtant court et en revenant sur ses pas, non, citoyen, tu te trompes; je ne suis pas un homme.

— Alors avance à l'ordre, dit le chef, et réponds catégoriquement. Où vas-tu comme cela, charmante belle de nuit?

— Mais, citoyen, je ne vais nulle part... je rentre.

— Ah! tu rentres?

— Oui.

— C'est rentrer un peu tard pour une honnête femme, citoyenne.

— Je viens de chez une parente qui est malade.

— Pauvre petite chatte, dit le chef en faisant de la main un geste devant lequel recula vivement la femme effrayée; et où est notre carte?

— Ma carte? Comment cela, citoyen? Que veux-tu dire et que me demandes-tu là?

— N'as-tu pas lu le décret de la Commune ?

— Non.

— Tu l'as entendu crier alors ?

— Mais non. Que dit donc ce décret, mon Dieu ?

— D'abord on ne dit plus mon Dieu, on dit l'Etre suprême.

— Pardon ; je me suis trompée. C'est une ancienne habitude.

— Mauvaise habitude, habitude d'aristocrate.

— Je tâcherai de me corriger, citoyen. Mais tu disais...

— Je disais que le décret de la Commune défend, passé dix heures du soir, de sortir sans carte de civisme. As-tu ta carte de civisme ?

— Hélas ! non.

— Tu l'as oubliée chez ta parente ?

— J'ignorais qu'il fallût sortir avec cette carte.

— Alors entrons au premier poste, là tu t'expliqueras gentiment avec le capitaine, et s'il est content de toi, il te fera reconduire à ton domicile par deux hommes, sinon, il te gardera jusqu'à plus ample information. Par file à gauche, pas accéléré, en avant, marche !

Au cri de terreur que poussa la prisonnière, le chef des enrôlés volontaires comprit que la pauvre femme redoutait fort cette mesure.

— Oh! oh! dit-il, je suis sûr que nous tenons quelque gibier distingué. Allons, allons en route, ma petite ci-devant.

Et le chef saisit le bras de la prévenue, le mit sous le sien et l'entraîna, malgré ses cris et ses larmes, vers le poste du Palais-Égalité.

On était déjà à la hauteur de la barrière des Sergens, quand tout-à-coup un jeune homme de haute taille, enveloppé d'un manteau, tourna le coin de la rue des Petits-Champs, juste au moment où la prisonnière essayait par ses supplications d'obtenir qu'on lui rendît la liberté. Mais, sans l'écouter, le chef des volontaires l'entraîna brutalement. La femme poussa un cri, moitié d'effroi, moitié de douleur.

Le jeune homme vit cette lutte, il entendit ce cri, et bondissant d'un côté à l'autre de la rue, il se trouva en face de la petite troupe.

— Qu'y a-t-il, et que fait-on à cette femme ? demanda-t-il à celui qui paraissait être le chef.

— Avant de me questionner, mêle-toi d'abord de ce qui te regarde.

— Quelle est cette femme, citoyens, et que lui voulez-vous? répéta le jeune homme d'un ton plus impératif encore que la première fois.

— Mais qui es-tu, toi-même, pour nous interroger?

Le jeune homme écarta son manteau, et l'on vit briller une épaulette sur un costume militaire.

— Je suis officier, dit-il, comme vous pouvez le voir.

— Officier... dans quoi?

— Dans la garde civique.

— Eh bien! qu'est-ce que ça nous fait, à nous? répondit un homme de la troupe. Est-ce que nous connaissons ça, les officiers de la garde civique !

— Quoi qu'il dit? demanda un autre avec un accent traînant et ironique particulier à l'homme du peuple, ou plutôt de la populace parisienne qui commence à se fâcher.

— Il dit, répliqua le jeune homme, que si l'épaulette ne fait pas respecter l'officier, le sabre fera respecter l'épaulette.

Et en même temps, faisant un pas en arrière, le défenseur inconnu de la jeune femme dégagea des plis de son manteau et fit briller, à la lueur d'un réverbère, un large et solide sabre d'infanterie. Puis, d'un mouvement rapide et qui annonçait une certaine habitude des luttes armées, saisissant le chef des enrôlés volontaires par le collet de sa carmagnole et lui posant la pointe du sabre sur la gorge :

— Maintenant, lui dit-il, causons comme deux bons amis.

— Mais, citoyen... dit le chef des enrôlés, en essayant de se dégager.

— Ah ! je te préviens qu'au moindre mouvement que tu fais, au moindre mouvement que font tes hommes, je te passe mon épée au travers du corps.

Pendant ce temps, deux hommes de la troupe continuaient de retenir la femme.

— Tu m'as demandé qui j'étais, continua le jeune homme, tu n'en avais pas le droit, car tu ne commandes pas une patrouille régulière. Cependant, je vais te le dire : je me nomme Maurice Lindey; j'ai commandé une batterie de canonniers au 10 août. Je suis lieutenant de la garde nationale, et secrétaire de la section des Frères et Amis. Cela te suffit-il?

— Ah! citoyen lieutenant, répondit le chef toujours menacé par la lame dont il sentait la pointe peser de plus en plus, c'est bien autre chose. Si tu es réellement ce que tu dis, c'est-à-dire un bon patriote...

— Là, je savais bien que nous nous entendrions au bout de quelques paroles, dit l'officier. Maintenant, réponds à ton tour : pourquoi cette femme criait-elle et que lui faisiez-vous?

— Nous la conduisions au corps-de-garde.

— Et pourquoi la conduisiez-vous au corps-de-garde?

— Parce qu'elle n'a point de carte de civisme, et que le dernier décret de la commune ordonne d'arrêter quiconque se hasardera dans les rues de

Paris, passé dix heures, sans carte de civisme. Oublies-tu que la patrie est en danger, et que le drapeau noir flotte sur l'Hôtel-de-Ville?

— Le drapeau noir flotte sur l'Hôtel-de-Ville et la patrie est en danger, parce que deux cent mille esclaves marchent contre la France, reprit l'officier, et non parce qu'une femme court les rues de Paris passé dix heures. Mais, n'importe, citoyens, il y a un décret de la Commune : vous êtes dans votre droit, et si vous m'eussiez répondu cela tout de suite, l'explication aurait été plus courte et moins orageuse. C'est bien d'être patriote, mais ce n'est pas mal d'être poli, et le premier officier que les citoyens doivent respecter, c'est celui, ce me semble, qu'ils ont nommé eux-mêmes. Maintenant emmenez cette femme si vous voulez, vous êtes libres.

— Oh! citoyen, s'écria à son tour, en saisissant le bras de Maurice, la femme qui avait suivi tout le débat avec une profonde anxiété. Oh! citoyen! ne m'abandonnez pas à la merci de ces hommes grossiers et à moitié ivres.

— Soit, dit Maurice; prenez mon bras et je vous conduirai avec eux jusqu'au poste.

— Au poste, répéta la femme avec

effroi, au poste ! Et pourquoi me conduire au poste, puisque je n'ai fait de mal à personne ?

— On vous conduit au poste, dit Maurice, non point parce que vous avez fait du mal, non point parce qu'on suppose que vous en pouvez faire, mais parce qu'un décret de la Commune défend de sortir sans une carte et que vous n'en avez pas.

— Mais, monsieur, j'ignorais.

— Citoyenne, vous trouverez au poste de braves gens qui apprécieront vos raisons, et de qui vous n'avez rien à craindre.

— Monsieur, dit la jeune femme en

serrant le bras de l'officier, ce n'est plus l'insulte que je crains, c'est la mort : si l'on me conduit au poste, je suis perdue.

II

L'Inconnue.

Il y avait dans cette voix un tel accent de crainte et de distinction mêlées ensemble que Maurice tressaillit. Comme une commotion électrique, cette voix vibrante avait pénétré jusqu'à son cœur.

Il se retourna vers les enrôlés volontaires, qui se consultaient entre eux. Humiliés d'avoir été tenus en échec par un seul homme, ils se consultaient entre eux avec l'intention bien visible de regagner le terrain perdu; ils étaient huit contre un ; trois avaient des fusils, les autres des pistolets et des piques. Maurice n'avait que son sabre; la lutte ne pouvait pas être égale.

La femme elle-même comprit cela, car elle laissa retomber sa tête sur sa poitrine en poussant un soupir.

Quant à Maurice, le sourcil froncé, la lèvre dédaigneusement relevée, le sabre hors du fourreau, il restait irrésolu entre ses sentimens d'homme qui lui ordonnaient de défendre cette femme, et ses devoirs de citoyen qui lui conseillaient de la livrer.

Tout-à-coup, au coin de la rue des Bons-Enfans, on vit briller l'éclair de plusieurs canons de fusil, et l'on entendit la marche mesurée d'une patrouille qui, apercevant un rassemblement, fit halte à dix pas à peu près du groupe, et, par la voix de son caporal, cria qui vive!

— Ami! cria Maurice. Ami! avance ici, Lorin.

Celui auquel cette injonction était adressée, se remit en marche, et prenant la tête, s'approcha vivement suivi de huit hommes.

—Eh! c'est toi, Maurice, dit le caporal, ah! libertin! que fais-tu dans les rues à cette heure?

— Tu le vois, je sors de la section des Frères et Amis.

— Oui, pour te rendre dans celle des sœurs et amies; nous connaissons cela.

> Apprenez, ma belle,
> Qu'à minuit sonnant,
> Une main fidèle,
> Une main d'amant
> Ira doucement,
> Se glissant dans l'ombre,
> Tirer les verroux,
> Qui dès la nuit sombre,
> Sont poussés sur vous.

Hein! n'est-ce pas cela?

— Non, mon ami, tu te trompes; j'allais rentrer directement chez moi lorsque j'ai trouvé la citoyenne qui se débattait aux mains des citoyens volontaires; je suis accouru et j'ai demandé pourquoi on la voulait arrêter.

— Je te reconnais bien là, dit Lorin.

Des chevaliers français tel est le caractère.

Puis, se retournant vers les enrôlés :

— Et pourquoi arrêtiez-vous cette femme, demanda le poétique caporal?

— Nous l'avons déjà dit au lieutenant, répondit le chef de la petite troupe, parce qu'elle n'avait point de carte de sûreté.

— Bah! bah! dit Lorin, voilà un beau crime.

— Tu ne connais donc pas l'arrêté de la Commune? demanda le chef des volontaires.

— Si fait! si fait! mais il est un autre arrêté qui annule celui-là.

— Lequel?

— Le voici :

Sur le Pinde et sur le Parnasse
Il est décrété par l'Amour
Que la Beauté, la Jeunesse et la Grâce,
Pourront à toute heure du jour,
Circuler sans billet de passe.

Hé! que dis-tu de cet arrêté, citoyen? il est galant, ce me semble.

— Oui, mais il ne me paraît pas péremptoire. D'abord il ne figure pas dans le *Moniteur*, puis nous ne sommes ni sur le Pinde ni sur le Parnasse, ensuite il ne fait pas jour; enfin la citoyenne n'est peut-être ni jeune, ni belle, ni gracieuse.

— Je parie le contraire, dit Lorin. Voyons, citoyenne, prouve-moi que j'ai raison, baisse ta coiffe et que tout le monde puisse juger si tu es dans les conditions du décret.

— Ah! monsieur, dit la jeune femme, en se pressant contre Maurice, après m'avoir protégée contre vos ennemis, protégez-moi contre vos amis, je vous en supplie.

— Voyez-vous, voyez-vous, dit le chef des enrôlés, elle se cache. M'est avis que c'est quelque espionne des aristocrates, quelque drôlesse, quelque coureuse de nuit.

— Oh! monsieur, dit la jeune femme, en faisant faire un pas en avant à Maurice et en découvrant un visage ravissant de jeunesse, de beauté et de distinction que la clarté du réverbère éclaira. Oh! regardez-moi, ai-je l'air d'être ce qu'ils disent.

Maurice demeura ébloui. Jamais il

n'avait rien rêvé de pareil à ce qu'il venait de voir. Nous disons à ce qu'il venait de voir, car l'inconnue avait voilé de nouveau son visage presque aussi rapidement qu'elle l'avait découvert.

— Lorin, dit tout bas Maurice, réclame la prisonnière pour la conduire à ton poste, tu en as le droit, comme chef de patrouille.

— Bon! dit le jeune caporal, je comprends à demi-mot.

Puis, se retournant vers l'inconnue :

— Allons, allons, la belle, continua-t-il, puisque vous ne voulez pas nous donner la preuve que vous êtes dans les conditions du décret, il faut nous suivre.

— Comment vous suivre? dit le chef des enrôlés volontaires.

— Sans doute, nous allons conduire la citoyenne au poste de l'Hotel-de-Ville où nous sommes de garde; et là nous prendrons des informations sur elle.

— Pas du tout, pas du tout, dit le chef de la première troupe. Elle est à nous, et nous la gardons.

— Ah! citoyens, citoyens, dit Lorin, nous allons nous fâcher.

— Fâchez-vous ou ne vous fâchez

pas, morbleu ! cela nous est bien égal. Nous sommes de vrais soldats de la République, et tandis que vous patrouillez dans les rues nous allons aller verser notre sang à la frontière.

— Prenez garde de le répandre en route, citoyens, et c'est ce qui pourra bien vous arriver, si vous n'êtes pas plus polis que vous ne l'êtes.

— La politesse est une vertu d'aristocrate, et nous sommes des sans-culotte, nous, repartirent les enrôlés.

— Allons donc, dit Lorin, ne parlez pas de ces choses-là devant madame. Elle est peut-être Anglaise. Ne vous fâchez point de la supposition, mon bel oiseau de nuit, ajouta-t-il en se retournant galamment vers l'inconnue.

> Un poète l'a dit, et nous, échos indignes,
> Nous allons après lui tout bas le répétant :
> L'Angleterre est un nid de cygnes
> Au milieu d'un immense étang.

— Ah! tu te trahis, dit le chef des enrôlés; ah! tu avoues que tu es une créature de Pitt, un stipendié de l'Angleterre, un....

— Silence, dit Lorin, tu n'entends rien à la poésie, mon ami; aussi je vais te parler en prose. Ecoute, nous sommes des gardes nationaux doux et patiens, mais tous enfans de Paris, ce qui veut dire que lorsqu'on nous échauffe les oreilles, nous frappons dru.

— Madame, dit Maurice, vous voyez ce qui se passe et vous devinez ce qui va se passer, dans cinq minutes dix ou onze hommes vont s'égorger pour vous. La cause qu'ont embrassée ceux qui veulent vous défendre, mérite-t-elle le sang qu'elle va faire couler ?

— Monsieur, répondit l'inconnue en joignant les mains, je ne puis vous dire qu'une chose, une seule, c'est que si vous me laissez arrêter il en résultera pour moi et pour d'autres encore des malheurs si grands, que plutôt de de m'abandonner, je vous supplierai de me percer le cœur avec l'arme que vous tenez dans la main et de jeter mon cadavre dans la Seine.

— C'est bien, madame, répondit Maurice. Je prends tout sur moi.

Et laissant retomber les mains de la belle inconnue qu'il tenait dans les siennes :

— Citoyens, dit-il aux gardes nationaux, comme votre officier, comme patriote, comme Français, je vous ordonne de protéger cette femme. Et toi, Lorin, si toute cette canaille dit un mot, à la baïonnette!

— Apprêtez armes! dit Lorin.

— Ah! mon Dieu! mon Dieu! s'écria l'inconnue en enveloppant sa tête de son capuchon et en s'appuyant contre une borne. Oh! mon Dieu? protégez-le.

Les enrôlés volontaires essayèrent de se mettre en défense. L'un deux tira même un coup de pistolet dont la balle traversa le chapeau de Maurice.

—Croisez baïonnettes, dit Lorin. Ram plan, plan, plan, plan, plan, plan.

Il y eut alors dans les ténèbres un moment de lutte et de confusion pendant lequel on entendit une ou deux détonations d'armes à feu, puis des imprécations, des cris, des blasphèmes, mais personne ne vint, car, ainsi que nous l'avons dit, il était sourdement question de massacre, et l'on crut que c'était le massacre qui commençait. Deux ou trois fenêtres seulement s'ouvrirent pour se refermer aussitôt.

Moins nombreux et moins bien armés, les enrôlés volontaires furent en un instant hors de combat. Deux étaient blessés grièvement, quatre autres étaient collés contre la muraille avec chacun une baïonnette sur la poitrine.

— Là, dit Lorin, j'espère, maintenant, que vous allez être doux comme des agneaux. Quant à toi, citoyen Maurice, je te charge de conduire cette femme au poste de l'Hôtel-de-Ville. Tu comprends que tu en réponds.

— Oui, dit Maurice.

Puis tout bas.

— Et le mot d'ordre ? ajouta-t-il.

— Ah! diable, fit Lorin en se grattant l'oreille, le mot d'ordre... C'est que...

— Ne crains-tu pas que j'en fasse un mauvais usage?

—Ah! ma foi, dit Lorin, fais-en l'usage que tu voudras; cela te regarde.

— Tu dis donc, reprit Maurice?

—Je dis que je vais te le donner tout-à-l'heure; mais laisse-nous d'abord nous débarrasser de ces gaillards-là. Puis, avant de te quitter, je ne serai pas fâché de te dire encore quelques mots de bon conseil.

— Soit, je t'attendrai.

Et Lorin revint vers ses gardes nationaux, qui tenaient toujours en respect les enrolés volontaires.

— Là, maintenant, en avez-vous assez, dit-il?

— Oui, chien de Girondin, répondit le chef.

— Tu te trompes, mon ami, répondit Lorin avec calme, et nous sommes meilleurs sans-culotte que toi, attendu que nous appartenons au club des Thermopyles, dont on ne contestera pas le patriotisme, j'espère. Laissez aller les citoyens, continua Lorin. Ils ne contestent pas.

— Il n'en est pas moins vrai que si cette femme est une suspecte...

— Si elle était une suspecte, elle se serait sauvée pendant la bataille au lieu d'attendre, comme tu le vois, que la bataille fût finie.

— Hum! fit un des enrolés, c'est assez vrai ce que dit là le citoyen Thermopyle.

— D'ailleurs, nous le saurons, puisque mon ami va la conduire au poste, tandis que nous allons aller boire, nous, à la santé de la nation.

— Nous allons aller boire? dit le chef.

— Certainement, j'ai très soif, moi, et je connais un joli cabaret au coin de la rue Thomas du Louvre!

— Eh mais! que ne disais-tu cela tout de suite, citoyen? Nous sommes fâchés d'avoir douté de ton patriotisme; et comme preuve au nom de la nation et de la loi, embrassons-nous.

— Embrassons-nous, dit Lorin.

Et les enrolés et les gardes nationaux s'embrassèrent avec enthousiasme. En ce temps-là on pratiquait presque aussi volontiers l'accolade que la décollation.

— Allons, amis, s'écrièrent alors les deux troupes réunies, au coin de la rue Thomas du Louvre.

— Et nous donc! dirent les blessés d'une voix plaintive! Est-ce que l'on va nous abandonner ici?

— Ah! bien oui, abandonner! dit Lorin; abandonner les braves qui sont tombés en combattant pour la patrie, contre des patriotes, c'est encore vrai, par erreur, c'est encore vrai : on va vous envoyer des civières. En attendant, chantez la *Marseillaise*, cela vous distraira.

> Allez enfans de la patrie
> Le jour de gloire est arrivé.

Puis, s'approchant de Maurice, qui

se tenait avec son inconnue au coin de la rue du Coq, tandis que les gardes nationaux et les volontaires remontaient bras-dessus bras-dessous vers la place du Palais-Egalité :

— Maurice, lui dit-il, je t'ai promis un conseil, le voici. Viens avec nous plutôt que de te compromettre en protégeant la citoyenne qui me fait l'effet d'être charmante, il est vrai, mais qui n'en est que plus suspecte ; car les femmes charmantes qui courent les rues de Paris à minuit...

— Monsieur, dit la femme, ne me jugez pas sur les apparences, je vous en supplie.

— D'abord, vous dites monsieur, ce

qui est une grande faute, entends-tu, citoyenne. Allons, voilà que je dis vous, moi.

— Eh bien! oui, oui, citoyen, laisse ton ami accomplir sa bonne action.

— Comment cela?

— En me reconduisant jusque chez moi, en me protégeant tout le long de la route.

— Maurice! Maurice, dit Lorin, songe à ce que tu vas faire; tu te compromets horriblement.

— Je le sais bien, répondit le jeune homme; mais que veux-tu, si je l'abandonne, pauvre femme, elle sera arrêtée à chaque pas par les patrouilles.

— Oh! oui, oui, tandis qu'avec vous, monsieur, tandis qu'avec toi, citoyen, je veux dire, je suis sauvée.

— Tu l'entends, sauvée! dit Lorin. Elle court donc de grands dangers?

— Voyons, mon cher Lorin, dit Maurice, soyons justes. C'est une bonne compatriote ou c'est une aristocrate. Si c'est une aristocrate, nous avons eu tort de la protéger; si c'est une bonne patriote, c'est de notre devoir de la préserver.

— Pardon, pardon, cher ami, j'en suis fâché pour Aristote; mais ta logique est stupide. Te voilà comme celui qui dit :

> Iris m'a volé ma raison
> Et me demande la sagesse.

— Voyons, Lorin, dit Maurice, trêve à Dorat, à Parny, à Gentil-Bernard, je t'en supplie. Parlons sérieusement : veux-tu ou ne veux-tu pas me donner le mot de passe ?

— C'est-à-dire, Maurice, que tu me mets dans cette nécessité, de sacrifier mon devoir à mon ami, ou mon ami à mon devoir. Or, j'ai bien peur, Maurice, que le devoir ne soit sacrifié.

— Décide-toi donc à l'un ou à l'autre, mon ami. Mais, au nom du ciel, décide-toi tout de suite.

— Tu n'en abuseras pas ?

— Je te le promets.

— Ce n'est pas assez ; jure !

— Et sur quoi ?

— Jure sur l'autel de la patrie.

Lorin ôta son chapeau, le présenta à Maurice du côté de la cocarde, et Maurice trouvant la chose toute simple, fit sans rire le serment demandé sur l'autel improvisé.

— Et maintenant, dit Lorin, voici le mot d'ordre : Gaule et Lutèce..... Peut-être y en a-t-il qui te diront comme à moi Gaule et Lucrèce ; mais bah ! laisse passer tout de même, c'est toujours romain.

— Citoyenne, dit Maurice, maintenant je suis à vos ordres. Merci, Lorin.

— Bon voyage, dit celui-ci, en se recoiffant avec l'autel de la patrie; et, fidèle à ses goûts anacréontiques, il s'éloigna en murmurant :

> Enfin, ma chère Eléonore,
> Tu l'as connu, ce péché si charmant
> Que tu craignais, même en le désirant.
> En le goûtant, tu le craignais encore.
> Eh bien! dis-moi, qu'a-t-il donc d'effrayant!...

III

La rue des Fossés-Saint-Victor.

Maurice, en se trouvant seul avec la jeune femme, fut un instant embarrassé. La crainte d'être dupe, l'attrait de cette merveilleuse beauté, un vague remords qui égratignait sa conscience pure de républicain exalté, le retinrent au moment où il allait donner son bras à la jeune femme.

— Où allez-vous, citoyenne, lui dit-il ?

— Hélas ! monsieur, bien loin, lui répondit-elle.

— Mais enfin...

— Du côté du Jardin-des-Plantes.

— C'est bien ; allons !

— Ah ! mon Dieu ! monsieur, dit l'inconnue, je vois bien que je vous gêne ; mais sans le malheur qui m'est arrivé, et si je croyais ne courir qu'un danger ordinaire, croyez bien que je n'abuserais pas ainsi de votre générosité.

— Mais enfin, madame, dit Maurice, qui, dans le tête-à-tête, oubliait le langage imposé par le vocabulaire de la République, et en revenait à son langage d'homme, comment se fait-il, en conscience, que vous soyez à cette heure dans les rues de Paris ; voyez si, excepté nous, nous y voyons une seule personne.

— Monsieur, je vous l'ai dit ; j'avais été faire une visite au faubourg du Roule. Partie à midi sans rien savoir de ce qui se passe, je revenais sans en rien savoir encore : tout mon tems s'est écoulé dans une maison un peu retirée.

— Oui, murmura Maurice, dans quelque maison de ci-devant, dans quelque repaire d'aristocrate. Avouez, citoyenne, que tout en me demandant tout haut mon appui, vous riez tout bas de ce que je vous le donne.

— Moi ! s'écria-t-elle, et comment cela ?

— Sans doute ; vous voyez un républicain vous servir de guide. Eh ! bien, ce républicain trahit sa cause, voilà tout.

— Mais, citoyen, dit vivement l'inconnue, vous êtes dans l'erreur, et j'aime autant que vous la République.

— Alors, citoyenne, si vous êtes bonne patriote, vous n'avez rien à cacher. D'où veniez-vous?

— Oh! monsieur, de grâce! dit l'inconnue.

Il y avait dans ce *monsieur* une telle expression de pudeur si profonde et si douce que Maurice crut être fixé sur le sentiment qu'il renfermait.

— Certes, dit-il, cette femme revient d'un rendez-vous d'amour.

Et, sans qu'il comprît pourquoi, il

sentit à cette pensée son cœur se serrer.

De ce moment il garda le silence.

Cependant les deux promeneurs nocturnes étaient arrivés à la rue de la Verrerie, après avoir été rencontrés par trois ou quatre patrouilles, qui, au reste, grâce au mot de passe, les avaient laissés circuler librement, lorsqu'à une dernière, l'officier parut faire quelque difficulté.

Maurice alors crut devoir ajouter au mot de passe son nom et sa demeure.

— Bien, dit l'officier, voilà pour toi, mais la citoyenne...

— Après, la citoyenne ?

— Qui est-elle ?

— C'est... la sœur de ma femme.

L'officier les laissa passer.

— Vous êtes donc marié, monsieur ? murmura l'inconnue.

— Non, madame ; pourquoi cela ?

— Parce qu'alors, dit-elle en riant, vous eussiez eu plus court de dire que j'étais votre femme.

— Madame, dit à son tour Maurice, le nom de femme est un titre sacré et qui ne doit pas se donner légèrement. Je n'ai point l'honneur de vous connaître.

Ce fut à son tour que l'inconnue sentit son cœur se serrer, et elle garda le silence.

En ce moment ils traversèrent le pont Marie.

La jeune femme marchait plus vite à mesure que l'on approchait du but de la course.

On traversa le pont de la Tournelle.

— Nous voilà, je crois, dans votre quartier, dit Maurice en posant le pied sur le quai Saint-Bernard.

— Oui, citoyen, dit l'inconnue, mais c'est justement où j'ai le plus besoin de votre secours.

— En vérité, madame, vous me défendez d'être indiscret, et en même tems vous faites tout ce que vous pouvez pour exciter ma curiosité. Ce n'est pas généreux. Voyons, un peu de confiance; je l'ai bien méritée, je crois. Ne me ferez-vous point l'honneur de me dire à qui je parle.

— Vous parlez, monsieur, reprit l'inconnue en souriant, à une femme que vous avez sauvée du plus grand danger qu'elle ait jamais couru, et qui vous sera reconnaissante toute sa vie.

— Je ne vous en demande pas tant, madame; soyez moins reconnaissante, et pendant cette seconde, dites-moi votre nom.

— Impossible.

— Vous l'eussiez dit cependant au premier sectionnaire venu, si l'on vous eut conduit au poste.

— Non, jamais, s'écria l'inconnue.

— Mais alors, vous alliez en prison.

— J'étais décidée à tout.

— Mais la prison dans ce moment-ci...

— C'est l'échafaud, je le sais.

— Et vous eussiez préféré l'échafaud?

— A la trahison... dire mon nom, c'était trahir!

— Je vous le disais bien que vous me faisiez jouer un singulier rôle pour un républicain!

— Vous jouez le rôle d'un homme généreux. Vous trouvez une pauvre femme qu'on insulte, vous ne la méprisez pas quoi qu'elle soit du peuple, et comme elle peut être insultée de nouveau, pour la sauver du naufrage, vous la reconduisez jusqu'au misérable quartier qu'elle habite; voilà tout.

— Oui, vous avez raison ; voilà pour les apparences, voilà ce que j'aurais pu croire si je ne vous avais pas vue, si vous ne m'aviez pas parlé ; mais votre beauté, mais votre langage sont d'une femme de distinction ; or, c'est justement cette distinction, en opposition avec votre costume et avec ce misérable quartier, qui me prouve que votre sortie à cette heure cache quelque mystère ; vous vous taisez... allons, n'en parlons plus. Sommes-nous encore loin de chez vous, madame ?

En ce moment, ils entraient dans la rue des Fossés-Saint-Victor, par la rue de Seine.

— Vous voyez ce petit bâtiment noir, dit l'inconnue à Maurice en étendant la main vers une maison située au delà des murs du Jardin-des-Plantes.

Quand nous serons là, vous me quitterez.

— Fort bien, madame. Ordonnez, je suis-là pour vous obéir.

— Vous vous fâchez?

— Moi, pas le moins du monde; d'ailleurs que vous importe?

— Il m'importe beaucoup, car j'ai encore une grâce à vous demander.

— Laquelle?

— C'est un adieu bien affectueux et bien franc... un adieu d'ami!

— Un adieu d'ami! Oh! vous me faites trop d'honneur, madame. Un singulier ami que celui qui ne sait pas le nom de son amie, et à qui cette amie cache sa demeure, de peur sans doute d'avoir l'ennui de le revoir.

La jeune femme baissa la tête et ne répondit pas.

— Au reste, madame, continua Maurice, si j'ai surpris quelque secret, il ne faut pas m'en vouloir; je n'y tâchais pas.

— Me voici arrivée, monsieur, dit l'inconnue.

On était en face de la vieille rue Saint-Jacques, bordée de hautes maisons noires, percée d'allées obscures, de ruelles occupées par des usines et des tanneries, car à deux pas coule la petite rivière de Bièvre.

— Ici? dit Maurice, comment c'est ici que vous demeurez?

— Oui.

— Impossible!

— C'est cependant ainsi. Adieu, adieu donc, mon brave chevalier; adieu, mon généreux protecteur!

— Adieu, madame, répondit Maurice avec une légère ironie; mais dites-moi, pour me tranquilliser, que vous ne courez plus aucun danger, aucun.

— Aucun.

— En ce cas, je me retire.

Et Maurice fit un froid salut en se reculant de deux pas en arrière.

L'inconnue demeura un instant immobile à la même place.

— Je ne voudrais cependant pas prendre congé de vous ainsi, dit-elle. Voyons, monsieur Maurice, votre main.

Maurice se rapprocha de l'inconnue et lui tendit la main.

Il sentit alors que la jeune femme lui glissait une bague au doigt.

— Oh! oh! citoyenne, que faites-vous donc là. Vous ne vous apercevez pas que vous perdez une de vos bagues ?

— Oh! monsieur, dit-elle, ce que vous faites là est bien mal.

— Il me manquait ce vice, n'est-ce pas, madame, d'être ingrat ?

— Voyons, je vous en supplie, monsieur... mon ami. Ne me quittez pas ainsi. Voyons, que demandez-vous ? Que vous faut-il ?

— Pour être payé, n'est-ce pas, dit le jeune homme avec amertume.

— Non, dit l'inconnue avec une expression enchanteresse, mais pour me pardonner le secret que je suis forcée de garder envers vous.

Maurice, en voyant luire dans l'obscurité ces beaux yeux presque humides de larmes, en sentant frémir cette main tiède entre les siennes, en entendant cette voix qui était presque descendue à l'accent de la prière, passa tout à coup de la colère à un sentiment exalté.

— Ce qu'il me faut, s'écria-t-il, il faut que je vous revoie.

— Impossible.

— Ne fût-ce qu'une seule fois, une heure, une minute, une seconde.

— Impossible, je vous dis.

— Comment! demanda Maurice. C'est sérieusement que vous me dites que je ne vous reverrai jamais?

— Jamais! répondit l'inconnue comme un douloureux écho.

— Oh! madame, dit Maurice, décidément vous vous jouez de moi.

Et il releva sa noble tête en secouant ses longs cheveux à la manière d'un homme qui veut échapper à un pouvoir qui l'étreint malgré lui.

L'inconnue le regardait avec une expression indéfinissable. On voyait qu'elle n'avait pas entièrement échappé au sentiment qu'elle inspirait.

— Ecoutez, dit-elle après un moment de silence qui n'avait été interrompu que par un soupir qu'avait inutilement cherché à étouffer Maurice. Ecoutez! me jurez-vous sur l'honneur de tenir vos yeux fermés du moment où je vous le dirai jusqu'à celui où vous aurez compté soixante secondes. Mais là... sur l'honneur.

— Et, si je le jure, que m'arrivera-t-il?

— Il arrivera que je vous prouverai ma reconnaissance, comme je vous promets de ne la prouver jamais à personne, fît-on pour moi plus que vous n'avez fait vous-même; ce qui, au reste, serait difficile.

— Mais enfin ne puis-je savoir...

Non, fiez-vous à moi, vous verrez...

— En vérité, madame, je ne sais si vous êtes un ange ou un démon.

— Jurez-vous ?

— Eh bien, oui, je le jure.

— Quelque chose qui arrive, vous ne rouvrirez pas les yeux... Quelque chose qui arrive, comprenez-vous bien, vous sentissiez-vous frappé d'un coup de poignard.

— Vous m'étourdissez, ma parole d'honneur, avec cette exigence.

— Eh ! jurez donc, monsieur, vous

ne risquez pas grand'chose ce me semble.

— Eh bien! je jure, quelque chose qui m'arrive, dit Maurice en fermant les yeux.

Il s'arrêta.

— Laissez-moi vous voir encore une fois, une seule fois, dit-il, je vous en supplie.

La jeune femme rabattit son capuchon avec un sourire qui n'était pas exempt de coquetterie; et à la lueur de la lune, qui en ce moment même glissait entre deux nuages, il put revoir pour la seconde fois ces longs cheveux pendant en boucles d'ébène, l'arc parfait d'un double sourcil qu'on eût cru dessiné à l'encre de Chine, deux yeux fendus en amande, veloutés et languissans, un nez de la forme la plus exquise, des lèvres fraîches et brillantes comme du corail.

— Oh! vous êtes belle, bien belle, trop belle, s'écria Maurice.

— Fermez les yeux, dit l'inconnue.

Maurice obéit.

La jeune femme prit ses deux mains dans les siennes, le tourna comme elle voulut. Soudain une chaleur parfumée sembla s'approcher de son visage, et une bouche effleura sa bouche, laissant entre ses deux lèvres la bague qu'il avait refusée.

Ce fut une sensation rapide comme la pensée, brûlante comme une flamme. Maurice ressentit une sensation qui ressemblait presque à de la douleur, tant elle était inattendue et profonde, tant elle avait pénétré au fond du cœur et en avait fait frémir les fibres secrètes.

Il fit un brusque mouvement en étendant les bras devant lui.

— Votre serment, cria une voix déjà éloignée.

Maurice appuya ses mains crispées sur ses yeux pour résister à la tentation de se parjurer. Il ne compta plus il ne pensa plus, il resta muet, immobile, chancelant.

Au bout d'un instant il entendit comme le bruit d'une porte qui se refermait à cinquante ou soixante pas de lui; puis bientôt tout rentra dans le silence.

Alors il écarta ses doigts, rouvrit les yeux, regarda autour de lui comme un homme qui s'éveille, et peut-être eût-il cru qu'il se réveillait en effet et que tout ce qui venait de lui arriver n'était qu'un songe, s'il n'eût tenu serrée entre ses lèvres la bague qui faisait de cette incroyable aventure une incontestable réalité.

IV

IV

Mœurs du temps.

Lorsque Maurice Lindey revint à lui et regarda autour de lui, il ne vit que des ruelles sombres qui s'allongeaient à sa droite et à sa gauche ; il essaya de chercher, de se reconnaître, mais son esprit était troublé; la nuit était sombre, la lune, qui était sortie un instant pour éclairer le charmant visage de l'inconnue, était rentrée dans ses nuages. Le jeune homme, après un moment de cruelle incertitude, reprit le chemin de sa maison, située rue du Roule.

En arrivant dans la rue Saint-Avoie, Maurice fut surpris de la quantité de patrouilles qui circulaient dans le quartier du Temple.

— Qu'y a-t-il donc, sergent? demanda-t-il au chef d'une patrouille fort affairée qui venait de faire perquisition dans la rue des Fontaines.

— Ce qu'il y a? dit le sergent, il y

a, mon officier, qu'on a voul enlever cette nuit la femme Capet et toute sa nichée.

— Et comment cela ?

— Une patrouille de ci-devants qui s'était, je ne sais comment, procuré le mot d'ordre, s'était introduite au Temple sous le costume de chasseurs de la garde nationale, et les devait enlever. Heureusement celui qui représentait le caporal, en parlant à l'officier de garde, l'a appelé *monsieur*; il s'est vendu lui-même, l'aristocrate !

— Diable ! fit Maurice. Et a-t-on arrêté les conspirateurs ?

— Non ; la patrouille a gagné la rue, et là elle s'est dispersée.

— Et y a-t-il quelque espoir de rattraper tous ces gaillards-là ?

— Oh ! il n'y en a qu'un qu'il serait bien important de reprendre, le chef, un grand maigre... qui avait été introduit parmi les hommes de garde par un des municipaux de service. Nous a-t-il fait courir, le scélérat ! Mais il aura trouvé une porte de derrière et se sera enfui par les Madelonnettes.

Dans toute autre circonstance, Maurice fût resté toute la nuit avec les patriotes qui veillaient au salut de la République ; mais depuis une heure l'amour de la patrie n'était plus sa seule pensée. Il continua donc son chemin, la nouvelle qu'il venait d'apprendre se fondant peu à peu dans son esprit et disparaissant derrière l'événement qui venait de lui arriver. D'ailleurs, ces prétendues tentatives d'enlèvement étaient devenues si fréquentes, les patriotes eux-mêmes savaient que dans certaines circonstances on s'en servait si bien comme d'un moyen politique que cette nouvelle n'avait pas inspiré une grande inquiétude au jeune républicain.

En revenant chez lui, Maurice trouva son *officieux* : à cette époque on n'avait plus de domestique ; Maurice, disons-nous, trouva son officieux l'attendant et qui, en l'attendant, s'était endormi, et, en dormant, ronflait d'inquiétude.

Il le réveilla avec tous les égards que l'on doit à son semblable, lui fit tirer ses bottes, le renvoya afin de n'être point distrait de sa pensée, se mit au lit, et comme il se faisait tard, et qu'il était jeune, il s'endormit à son tour malgré la préoccupation de son esprit.

Le lendemain, il trouva une lettre sur sa table de nuit.

Cette lettre était d'une écriture fine, élégante et inconnue. Il regarda le cachet, le cachet portait pour devise ce seul mot anglais : *Nothing, Rien.*

Il l'ouvrit, elle contenait ces mots :

« Merci !

» Reconnaissance éternelle en échan-
» ge d'un éternel oubli !... »

Maurice appela son domestique : les vrais patriotes ne les sonnaient plus, la sonnette rappelant la servilité ; d'ailleurs, beaucoup d'officieux mettaient en entrant chez leurs maîtres cette condition aux services qu'ils consentaient à leur rendre.

L'officieux de Maurice avait reçu, il y avait trente ans à peu près, sur les fonts baptismaux, le nom de Jean; mais, en 92, il s'était, de son autorité privée, débaptisé, Jean sentant l'aristocratie et le déisme, et s'appelait Scœvola.

— Scœvola, demanda Maurice, sais-tu ce que c'est que cette lettre.

— Non, citoyen.

— Qui te l'a remise?

— Le concierge.

— Qui la lui a apportée?

— Un commissionnaire sans doute, puisqu'il n'y a pas le timbre de la nation.

— Descends et prie le concierge de monter.

Le concierge monta parce que c'était Maurice qui le demandait, et que Maurice était fort aimé de tous les officieux avec lesquels il était en relation; mais le concierge déclara que si c'était tout autre locataire il l'eû prié de descendre.

Le concierge s'appelait Aristide.

Maurice l'interrogea. C'était un homme inconnu qui, vers les huit heures du matin, avait apporté cette lettre. Le jeune homme eut beau multiplier ses questions, les représenter sous toutes les faces, le concierge ne put lui répondre autre chose. Maurice le pria d'accepter dix francs en l'invitant, si cet homme se représentait, à le suivre sans affectation et à revenir lui dire où il était allé.

Hâtons-nous de dire qu'à la grande satisfaction d'Aristide, un peu humilié par cette proposition, de suivre un de ses semblables, l'homme ne revint pas.

Maurice, resté seul, froissa la lettre avec dépit, tira la bague de son doigt, la mit avec la lettre froissée sur sa table de nuit, se retourna le nez contre le mur avec la folle prétention de s'endormir de nouveau; mais au bout d'une heure, Maurice, revenu de cette fanfaronnade, baisait la bague et relisait la lettre : la bague était un saphir très beau.

La lettre était, comme nous l'avons dit, un charmant petit billet qui sentait son aristocratie d'une lieue.

Comme Maurice se livrait à cet examen, sa porte s'ouvrit. Maurice remit la bague à son doigt et cacha la lettre sous son traversin. Etait-ce pudeur d'un amour naissant? Etait-ce vergogne d'un patriote qui ne veut pas qu'on le sache en relation avec des gens assez imprudens pour écrire un pareil billet dont le parfum seul pouvait compromettre et la main qui l'avait écrit et celle qui le décachetait.

Celui qui entrait ainsi était un jeune homme vêtu en patriote, mais en patriote de la plus suprême élégance.

Sa carmagnole était de drap fin; sa culotte était de casimir et ses bas chinés étaient de fine soie. Quand à son bonnet phrygien, il eût fait honte pour sa forme élégante et sa belle couleur pourprée à celui de Paris lui-même.

Il portait en outre à sa ceinture une paire de pistolets de l'ex-fabrique royale de Versailles, et un sabre droit et court pareil à celui des élèves du Champ-de-Mars.

— Ah! tu dors, Brutus, dit le nouvel arrivé, et la patrie est en danger. Fi donc!

— Non, Lorin, dit en riant Maurice, je ne dors pas, je rêve.

— Oui, je comprends.

— Eh bien, moi, je ne comprends pas.

— Bah!

— De qui parles-tu? Quelle est cette Eucharis?

— Eh bien! la femme.

— Quelle femme?

— La femme de la rue Saint-Honoré, la femme de la patrouille, l'inconnue pour laquelle nous avons risqué notre tête toi et moi hier soir.

— Oh! oui, dit Maurice, qui savait parfaitement ce que voulait dire son ami, mais qui seulement faisait semblant de ne le point comprendre, la femme inconnue!

— Eh bien! qui était-ce?

— Je n'en sais rien.

— Etait-elle jolie?

— Peuh! fit Maurice en allongeant dédaigneusement les lèvres.

— Une pauvre femme oubliée dans quelques rendez-vous amoureux.

. . . . . . Oui, faibles que nous sommes,
C'est toujours cet amour qui tourmente les hommes.

— C'est possible, murmura Maurice, auquel cette idée qu'il avait eue d'abord répugnait fort à cette heure, et qui préférait voir dans sa belle inconnue une conspiratrice qu'une femme amoureuse.

— Et où demeure-t-elle?

— Je n'en sais rien.

— Allons donc ! tu n'en sais rien, impossible !

— Pourquoi cela.

— Tu l'as reconduite.

— Elle m'a échappé au pont Marie...

— T'échapper à toi, s'écria Lorin avec un éclat de rire énorme. Une femme t'échapper, allons donc!

Est-ce que la colombe échappe
Au vautour, ce tyran des airs,
Et la gazelle au tigre du désert,
Qui la tient déjà sous sa patte.

— Lorin, dit Maurice, ne t'habitueras-tu donc jamais à parler comme tout le monde. Tu m'agaces horriblement avec ton atroce poésie.

— Comment, à parler comme tout le monde! mais je parle mieux que tout le monde, ce me semble. Je parle comme le citoyen Demoustier, en prose et en vers. Quant à ma poésie, mon cher, je sais une Emilie qui ne la trouve pas mauvaise, mais revenons à la tienne.

— A ma poésie.

— Non, à ton Emilie.

— Est-ce que j'ai une Emilie.

— Allons! allons! ta gazelle se sera faite tigresse et t'aura montré les dents de sorte que tu es vexé, mais amoureux.

— Moi, amoureux, dit Maurice en secouant la tête.

— Oui, toi amoureux;

> N'en fais pas un plus long mystère;
> Les coups qui partent de Cythère
> Frappent au cœur plus sûrement
> Que ceux de Jupiter tonnant.

— Lorin, dit Maurice en s'armant d'une clé-forée qui était sur sa table de nuit, je te déclare que tu ne diras plus un seul vers que je ne siffle.

— Alors parlons politique. D'ailleurs j'étais venu pour cela ; sais-tu la nouvelle ?

— Je sais que la veuve Capet a voulu s'évader.

— Bah ! ce n'est rien que cela.

— Qu'y a-t-il donc de plus ?

— Le fameux chevalier de Maison-Rouge est à Paris.

— En vérité, s'écria Maurice en se levant sur son séant.

— Lui-même en personne.

— Mais quand est-il entré ?

— Hier soir.

— Comment cela ?

— Déguisé en chasseur de la garde nationale. Une femme, qu'on croit être une aristocrate déguisée en femme du peuple, lui a porté des habits à la barrière ; puis un instant après, ils sont rentrés bras dessus bras dessous. Ce n'est que quand ils ont été passés que la sentinelle a eu quelque soupçon. Il avait vu passer la femme avec un paquet, il la voyait repasser avec une espèce de militaire sous le bras ; c'était louche ; il a donné l'éveil, on a couru après eux. Ils ont disparu dans un hôtel de la rue Saint-Honoré dont la porte s'est ouverte comme par enchantement. L'hôtel avait une seconde sortie sur les Champs-Élysées, bonsoir, le chevalier de Maison-Rouge et sa complice se sont évanouis. L'on démolira l'hôtel et l'on guillotinera le propriétaire ; mais cela n'empêchera pas le chevalier de recommencer la tentative qui a déjà échoué, il y a quatre mois pour la première fois et hier pour la seconde.

— Et il n'est point arrêté ? demanda Maurice.

— Ah ! bien oui, arrête Protée, mon cher, arrête donc Protée ; tu sais le mal qu'a eu Aristée à en venir à bout.

Pastor Aristæus fugiens Peneïa tempe.

— Prends garde, dit Maurice en portant sa clé à sa bouche.

— Prends garde toi-même, morbleu ! car cette fois ce n'est pas moi que tu siffleras, c'est Virgile.

— C'est juste, et tant que tu ne le traduiras point, je n'ai rien à dire. Mais revenons au chevalier de Maison-Rouge.

— Oui, convenons que c'est un fier homme.

— Le fait est que pour entreprendre de pareilles choses, il faut un grand courage.

— Ou un grand amour.

— Crois-tu donc à cet amour du chevalier pour la reine?

— Je n'y crois pas; je le dis comme tout le monde. D'ailleurs, elle en a rendu bien d'autres amoureux, qu'y aurait-il d'étonnant à ce qu'elle l'eût séduit; elle a bien séduit Barnave, à ce qu'on dit.

— N'importe, il faut que le chevalier ait des intelligences dans le Temple même.

— C'est possible :

> L'amour brise les grilles
> Et se rit des verrous.

— Lorin !

— Ah ! c'est vrai.

— Alors, tu crois cela comme les autres.

— Pourquoi pas.

— Parce qu'à ton compte la reine aurait eu deux cents amoureux.

— Deux cents, trois cents, quatre cents. Elle est assez belle pour cela. Je ne dis pas qu'elle les ait aimés ; mais enfin, ils l'ont aimée, elle. Tout le monde voit le soleil, et le soleil ne voit pas tout le monde.

— Alors, tu dis donc que le chevalier de Maison-Rouge.

— Je dis qu'on le traque un peu en ce moment-ci, et que s'il échappe aux limiers de la République, ce sera un fin renard.

— Et que fait la commune dans tout cela?

— La commune va rendre un arrêté par lequel chaque maison, comme un registre ouvert, laissera voir sur sa façade le nom des habitans et des habitantes. C'est la réalisation de ce rêve des anciens. Que n'existe-t-il une fenêtre au cœur de l'homme pour que tout le monde puisse voir ce qui s'y passe.

— Oh! excellente idée! s'écria Maurice.

— De mettre une fenêtre au cœur des hommes?

— Non, mais de mettre une liste à la porte des maisons.

En effet, Maurice songeait que ce lui serait un moyen de retrouver son inconnue, ou tout au moins quelque trace d'elle qui pût le mettre sur sa voie.

— N'est-ce pas? dit Lorin. J'ai déjà parié que cette mesure nous donnerait une fournée de cinq cents aristocrates. A propos, nous avons reçu ce matin au club une députation des enrôlés volontaires; ils sont venus, conduits par nos adversaires de cette nuit, que je n'ai abandonnés qu'ivres morts; ils sont venus, dis-je, avec des guirlandes de fleurs et des couronnes d'immortelles.

— En vérité! répliqua Maurice en riant; et combien étaient-ils?

— Ils étaient trente; ils s'étaient fait raser et avaient des bouquets à la boutonnière. Citoyens du club des Thermopyles, a dit l'orateur, en vrais patriotes que nous sommes, nous désirons que l'union des Français ne soit pas troublée par un malentendu, et nous venons fraterniser de nouveau.

— Alors..

— Alors, nous avons fraternisé de rechef, et, en réitérant, comme dit Diafoirus, on a fait un autel à la patrie avec la table du secrétaire, et deux carafes dans lesquelles on a mis des bouquets. Comme tu étais le héros de la fête, on t'a appelé trois fois pour te couronner; et comme tu n'as pas répondu, attendu que tu n'y étais pas et qu'il faut toujours que l'on couronne quelque chose, on a couronné le buste de Washington. Voilà l'ordre et la marche selon lesquels a eu lieu la cérémonie.

Comme Lorin achevait ce récit véridique, et qui, à cette époque, n'avait rien de burlesque, on entendit des rumeurs dans la rue, et des tambours, d'abord lointains, puis de plus en plus rapprochés, firent entendre le bruit si commun alors de la générale.

— Qu'est-ce que cela? demanda Maurice.

— C'est la proclamation de l'arrêté de la commune, dit Lorin.

— Je cours à la section, dit Maurice en sautant à bas de son lit et en appelant son officieux pour le venir habiller.

— Et moi, je rentre me coucher, dit Lorin : je n'ai dormi que deux heures cette nuit, grâce à tes enragés volontaires. Si l'on ne se bat qu'un peu, tu me laisseras dormir; si l'on se bat beaucoup, tu viendras me chercher.

— Pourquoi donc t'es-tu fait si beau?

demanda Maurice en jetant un coup-d'œil sur Lorin, qui se levait pour se retirer.

— Parce que, pour venir chez toi, je suis forcé de passer rue Béthisy, et que, rue Béthisy, au troisième, il y a une fenêtre qui s'ouvre toujours quand je passe.

— Et tu ne crains pas qu'on te prenne pour un muscadin?

— Un muscadin, moi! Ah bien oui, je suis connu, au contraire, pour un franc sans-culotte. Mais il faut bien faire quelque sacrifice au beau sexe. Le culte de la patrie n'exclut pas celui de l'amour, au contraire, l'un commande l'autre :

> La république a décrété
> Que des Grecs on suivrait les traces,
> Et l'hôtel de la Liberté
> Fait pendant à celui des Grâces.

Ose siffler celui-là, je te dénonce comme aristocrate, et je te fais raser de manière à ce que tu ne portes jamais perruque. Adieu, cher ami.

Lorin tendit cordialement à Maurice une main que le jeune secrétaire serra cordialement, et sortit en ruminant : Un Bouquet à Chloris.

V

Quel homme c'était que le citoyen Maurice Lindey.

Tandis que Maurice Lindey, après s'être habillé précipitamment, se rend à la section de la rue Lepelletier, dont il est, comme on le sait, secrétaire, essayons de retracer aux yeux du public les antécédens de cet homme, qui s'est produit sur la scène par un de ces élans de cœur familiers aux puissantes et généreuses natures.

Le jeune homme avait dit la vérité pleine et entière lorsque la veille, en répondant de l'inconnue, il avait dit qu'il se nommait Maurice Lindey, demeurant rue du Roule. Il aurait pu ajouter qu'il était enfant de cette demi-aristocratie accordée aux gens de robe. Ses aïeux avaient marqué depuis deux cents ans par cette éternelle opposition parlementaire qui a illustré les noms des Molé et des Maupou. Son père, le bonhomme Lindey, qui avait passé toute sa vie à gémir contre le despotisme, lorsque le 14 juillet 89 la Bastille était tombée aux mains du peuple, était mort de saisissement et d'épouvante de voir le despotisme remplacé par une liberté militante, laissant son fils unique indépendant par sa fortune et républicain par sentiment.

La Révolution, qui avait suivi de si près ce grand événement, avait donc trouvé Maurice dans toutes les conditions de vigueur et de maturité virile qui conviennent à l'athlète prêt à entrer en lice, éducation républicaine fortifiée par l'assiduité aux clubs et la lecture de tous les pamphlets de l'époque. Dieu sait combien Maur avait dû en lire. Mépris profond et raisonné de la hiérarchie, pondération philosophique des événemens qui composent le corps, négation absolue de toute noblesse qui n'est pas personnelle, appréciation impartiale du passé, ardeur pour les idées nouvelles, sympathie pour le peuple, mêlée à la plus aristocratique des organisations, tel était au moral, non pas celui que nous avons choisi, mais celui que le journal où nous puisons ce sujet nous a donné pour héros de cette histoire.

Au physique, Maurice Lindey était un homme de cinq pieds huit pouces, âgé de vingt-cinq ou de vingt-six ans, musculeux comme Hercule, beau de cette beauté française qui accuse dans un Franc une race particulière, c'est-à-dire un front pur, des yeux bleus, des cheveux châtains et bouclés, des joues roses et des dents d'ivoire.

Après le portrait de l'homme, la position du citoyen.

Maurice, sinon riche, du moins indépendant, Maurice portant un nom respecté et surtout populaire, Maurice connu par son éducation libérale et pour ses principes plus libéraux encore que son éducation, Maurice s'était placé pour ainsi dire à la tête d'un parti composé de tous les jeunes bourgeois patriotes. Peut-être bien, près des sans-culotte passait-il pour un peu tiède, et près des sectionnaires pour un peu parfumé. Mais il se faisait pardonner sa tiédeur par les sans-culotte en brisant comme des roseaux fragiles les gourdins les plus noueux, et son élégance par les sectionnaires en les envoyant rouler à vingt pas d'un coup de poing entre les deux yeux quand ces deux yeux regardaient Maurice d'une façon qui ne lui convenait pas.

Maintenant, pour le physique, pour le moral et pour le civisme combinés, Maurice avait assisté à la prise de la Bastille; il avait été de l'expédition de Versailles, il avait combattu comme un lion au 10 août, et, dans cette mémorable journée, c'était une justice à lui rendre, il avait tué autant de patriotes que de Suisses; car il n'avait pas voulu souffrir plus l'assassin sous la carmagnole que l'ennemi de la République sous l'habit rouge.

C'était lui qui, pour exhorter les défenseurs du château à se rendre et pour empêcher le sang de couler, s'était jeté sur la bouche d'un canon auquel un artilleur parisien allait mettre le feu; c'était lui qui était entré le premier par une fenêtre au Louvre, malgré la fusillade de cinquante Suisses et d'autant de gentilshommes embusqués; et déjà lorsqu'il aperçut les signaux de capitulation, son terrible sabre avait entamé plus de dix uniformes; alors voyant ses amis massacrer à loisir des prisonniers qui jetaient leurs armes, qui tendaient leurs mains suppliantes et qui demandaient la vie, il s'était mis à hacher furieusement ses amis, ce qui lui avait fait une réputation digne des beaux jours de Rome et de la Grèce.

La guerre déclarée, Maurice s'enrôla et partit pour la frontière en qualité de lieutenant avec les quinze cents premiers volontaires que la ville envoyait contre les envahisseurs, et qui chaque jour devaient être suivis de quinze cents autres.

A la première bataille à laquelle il assista, c'est-à-dire à Jemmapes, il reçut une balle qui, après avoir divisé les muscles d'acier de son épaule, alla s'aplatir sur l'os. Le représentant du peuple connaissait Maurice, il le renvoya à Paris pour qu'il guérît. Un mois entier, Maurice, dévoré par la fièvre, se roula sur son lit de douleur; mais janvier le trouva sur pied et commandant, sinon de nom du moins de fait, le club des Thermopyles, c'est-à-dire cent jeunes gens de la bourgeoisie parisienne armés pour s'opposer à toute tentative en faveur du tyran Capet; il y a plus : Maurice, le sourcil froncé par une sombre colère, l'œil dilaté, le front pâle, le cœur éteint par un singulier mélange de haine morale et de pitié physique, assista le sabre au poing à l'exécution du roi, et, seul peut-être dans toute cette foule, demeura muet lorsque tomba la tête de ce fils de Saint-Louis dont l'âme montait au ciel ; seulement lorsque cette tête fut tombée, il leva en l'air son redoutable sabre, et tous ses amis crièrent vive la liberté ! sans remarquer que cette fois par exception sa voix ne s'était pas mêlée à la leur.

Voilà quel était l'homme qui s'acheminait, le matin du 11 mars, vers la rue Lepelletier, et auquel notre histoire va donner plus de relief dans les détails d'une vie orageuse comme on la menait à cette époque.

— Vers dix heures, Maurice arriva à la section dont il était le secrétaire.

L'émoi était grand. Il s'agissait de voter une adresse à la Convention pour réprimer les complots des Girondins. On attendait impatiemment Maurice.

Il n'était question que du retour du chevalier de Maison-Rouge, de l'audace avec laquelle cet acharné conspirateur était rentré pour la deuxième fois dans Paris, où sa tête, il le savait cependant, était mise à prix. On rattachait à cette rentrée la tentative faite la veille au Temple, et chacun exprimait sa haine et son indignation contre les traîtres et les aristocrates.

Mais, contre l'attente générale, Maurice fut mou et silencieux, rédigea habilement la proclamation, termina en trois heures toute sa besogne, demanda si la séance était levée, et sur la réponse affirmative, prit son chapeau, sortit et s'achemina vers la rue Saint-Honoré.

Arrivé là, Paris lui sembla tout nouveau. Il revit le coin de la rue du Coq où, pendant la nuit, la belle inconnue lui était apparue se débattant aux mains des soldats. Alors il suivit, depuis la rue du Coq jusqu'au pont Marie, le même chemin qu'il avait parcouru à ses côtés, s'arrêtant où les différentes patrouilles les avaient arrêtés, répétant aux endroits qui le lui rendaient, comme s'ils avaient conservé un écho de leurs paroles, le dialogue qu'ils avaient échangé; seulement il était une heure de l'après-midi, et le soleil qui éclairait toute cette promenade rendait saillans à chaque pas les souvenirs de la nuit.

Maurice traversa les ponts et entra bientôt dans la rue Victor, comme on l'appelait alors.

— Pauvre femme! murmura Maurice, qui n'a pas réfléchi hier que la nuit ne dure que douze heures et que son secret ne durerait probablement pas plus que la nuit. A la clarté du soleil, je vais retrouver la porte par laquelle elle s'est glissée, et qui sait si je ne l'apercevrai pas elle-même à quelque fenêtre.

Il entra alors dans la vieille rue Saint-Jacques, se plaça comme l'inconnue l'avait placé la veille. Un instant il ferma les yeux, croyant peut-être, le pauvre fou! que le baiser de la veille allait une seconde fois brûler ses lèvres. Mais il n'en ressentit que le souvenir. Il est vrai que le souvenir brûlait encore.

Maurice rouvrit les yeux, vit les deux ruelles, l'une à sa droite, l'autre à sa gauche. Elles étaient fangeuses, mal pavées, garnies de barrières, coupées, de petits ponts jetés sur un ruisseau.

On y voyait des arcades en poutres, des recoins, vingt portes mal assurées, pourries. C'était le travail grossier dans toute sa misère, la misère dans toute sa hideur. Çà et là un jardin, fermé tantôt par des haies, tantôt par des palissades en échalas, quelques-uns par des murs; des peaux séchant sous des hangars et répandant cette odieuse odeur de tannerie qui soulève le cœur. Maurice chercha, combina pendant deux heures et ne trouva rien, ne devina rien; dix fois il s'enfonça dans ce labyrinthe, dix fois il revint sur ses pas pour s'orienter. Mais toutes ses tentatives furent inutiles, toutes ces recherches infructueuses. Les traces de la jeune femme semblaient avoir été effacées par le brouillard et la pluie.

— Allons! se dit Maurice, j'ai rêvé. Ce cloaque ne peut avoir un instant servi de retraite à ma belle fée de cette nuit.

Il y avait dans ce républicain farouche une poésie bien autrement réelle que dans son ami aux quatrains anacréontiques, puisqu'il rentra sur cette idée, pour ne pas ternir l'auréole qui éclairait la tête de son inconnue. Il est vrai qu'il rentra désespéré.

— Adieu! dit-il, belle mystérieuse; tu m'as traité en sot ou en enfant. En effet, serait-elle venue ici avec moi si elle y demeurait? Non! elle n'a fait qu'y passer, comme un cygne sur un marais infect. Et, comme celle de l'oiseau dans l'air, sa trace est invisible.

VI

Le Temple.

Ce même jour, à la même heure où Maurice, douloureusement désappointé, repassait le pont de la Tournelle, plusieurs municipaux, accompagnés de Santerre, commandant de la garde nationale parisienne, faisait une visite sévère dans la grande tour du Temple, transformée en prison depuis le 13 août 1792.

Cette visite s'exerçait particulièrement dans l'appartement du troisième étage, composé d'une antichambre et de trois pièces.

Une de ces chambres était occupée par deux femmes, une jeune fille et un enfant de neuf ans, tous vêtus de deuil.

L'aînée de ces femmes pouvait avoir 37 à 38 ans. Elle était assise et lisait près d'une table.

La seconde était assise et travaillait

à un ouvrage de tapisserie ; elle pouvait être âgée de 28 à 29 ans.

La jeune fille en avait 14 et se tenait debout près de l'enfant qui, malade et couché, fermait les yeux comme s'il dormait, quoique évidemment, il fût impossible de dormir au bruit que faisaient les municipaux.

Les uns remuaient les lits, les autres déployaiemt les pièces de linge, d'autres enfin qui avaient fini leurs recherches, regardaient avec une fixité insolente les malheureuses prisonnières qui se tenaient les yeux obstinément baissés l'une sur son livre, l'autre sur sa tapisserie, la troisième sur son frère.

L'aînée de ces femmes était grande, pâle et belle ; celle qui lisait paraissait surtout concentrer toute son attention sur son livre quoique, selon toute probabilité, ce fussent ses yeux qui lussent et non son esprit.

Alors un des municipaux s'approcha d'elle, saisit brutalement le livre qu'elle tenait et le jeta au milieu de la chambre.

La prisonnière allongea la main vers la table, prit un second volume et continua de lire.

Le Montagnard fit un geste furieux pour arracher ce second volume comme il avait fait du premier. Mais à ce geste, qui fit tressaillir la prisonnière qui brodait près de la fenêtre, la jeune fille s'élança, entoura de ses bras la tête de la lectrice et murmura en pleurant :

— Ah! pauvre, pauvre mère !

Puis elle l'embrassa.

Alors la prisonnière à son tour colla sa bouche sur l'oreille de la jeune fille, comme pour l'embrasser aussi, et lui dit:

— Marie, il y a un billet caché dans la bouche du poêle, ôtez-le.

— Allons! allons! dit le municipal en tirant brutalement la jeune fille à lui et en la séparant de sa mère. Aurez-vous bientôt fini de vous embrasser?

— Monsieur, dit la jeune fille, la Convention a-t-elle décrété que les enfans ne pourront plus embrasser leur mère!

— Non; mais elle a décrété qu'on punirait les traîtres, les aristocrates et les ci-devants, et c'est pourquoi nous sommes ici pour vous interroger. Voyons, Antoinette, réponds.

Celle qu'on interpellait ainsi grossièrement ne daigna pas même regarder son interrogateur. Elle détourna la tête au contraire et une légère rougeur passa sur ses joues pâlies par la douleur et sillonnées par les larmes.

— Il est impossible, continua cet homme, que tu aies ignoré la tentative de cette nuit. D'où vient-elle?

Même silence de la part de la prisonnière.

— Répondez, Antoinette, dit alors Santerre, en s'approchant sans remarquer le frisson d'horreur qui avait saisi la jeune femme à l'aspect de cet homme qui, le 21 janvier au matin, était venu prendre au Temple Louis XVI pour le conduire à l'échafaud. Répondez. On a conspiré cette nuit contre la République et essayé de vous soustraire à la captivité que, en attendant la punition de vos crimes, vous inflige la volonté du peuple. Le saviez-vous, dites, que l'on conspirait?

Marie tressaillit au contact de cette voix qu'elle sembla fuir en se reculant le plus qu'elle put sur sa chaise. Mais elle ne répondit pas plus à cette question qu'aux deux autres, pas plus à Santerre qu'au municipal.

— Vous ne voulez donc pas répondre? dit Santerre en frappant violemment du pied.

La prisonnière prit sur la table un troisième volume.

Santerre se retourna; la brutale puissance de cet homme, qui commandait à 80,000 hommes, qui n'avait eu besoin que d'un geste pour couvrir la voix de Louis XVI mourant, se brisait contre la dignité d'une pauvre prisonnière dont il pouvait faire tomber la tête à son tour, mais qu'il ne pouvait pas faire plier.

— Et vous, Elisabeth, dit-il à l'autre personne, qui avait un instant interrompu sa tapisserie pour joindre les mains et prier, non pas ces hommes, mais Dieu, répondrez-vous?

— Je ne sais ce que vous demandez, dit-elle ; je ne puis donc vous répondre.

— Et morbleu! citoyenne Capet, dit

Santerre en s'impatientant, c'est pourtant clair ce que je dis là. Je dis qu'on a fait hier une tentative pour vous faire évader et que vous devez connaître les coupables.

— Nous n'avons aucune communication avec le dehors, monsieur ; nous ne pouvons donc savoir ni ce qu'on fait pour nous, ni ce qu'on fait contre nous.

— C'est bien, dit le municipal, nous allons savoir alors ce que va dire ton neveu.

Et il s'approcha du lit du jeune dauphin.

A cette menace, Marie-Antoinette se leva tout à coup.

— Monsieur, dit-elle, mon fils est malade et dort... Ne le réveillez pas.

— Réponds alors.

— Je ne sais rien.

Le municipal alla droit au lit du petit prisonnier, qui feignait, comme nous l'avons dit, de dormir.

— Allons! allons! réveille-toi, Capet, dit-il en le secouant rudement.

L'enfant ouvrit les yeux et sourit.

Les municipaux alors entourèrent son lit.

La reine, agitée de douleur et de crainte, fit un signe à sa fille, qui profita de ce moment, se glissa dans la chambre voisine, ouvrit une des bouches du poêle, en tira le billet, le brûla, puis aussitôt rentra dans la chambre et, d'un regard, rassura sa mère.

— Que me voulez-vous? demanda l'enfant.

— Savoir si tu n'as rien entendu cette nuit.

— Non, j'ai dormi.

— Tu aimes fort à dormir, à ce qu'il paraît.

— Oui, parce que quand je dors, je rêve.

— Et que rêves-tu?

— Que je revois mon père que vous avez tué.

— Ainsi, tu n'as rien entendu? dit vivement Santerre.

— Rien.

—Ces louveteaux sont, en vérité, bien d'accord avec la louve, di le municipal furieux; et, cependant, il y a eu un complot.

La reine sourit.

— Elle nous nargue, l'Autrichienne, s'écria le municipal. Eh bien! puisqu'il en est ainsi, exécutons dans toute sa rigueur le décret de la commune. Lève-toi, Capet.

— Que voulez-vous faire? s'écria la reine, s'oubliant elle-même. Ne voyez-vous pas que mon fils est malade, qu'il à la fièvre. Voulez-vous donc le faire mourir?

— Ton fils, dit le municipal, est un sujet d'alarmes continuelles pour le conseil du Temple. C'est lui qui est le point de mire de tous les conspirateurs. On se flatte de vous enlever tous ensemble. Eh bien! qu'on y vienne. — Tison!... — Appelez Tison.

Tison était une espèce de journalier chargé des gros ouvrages du ménage dans la prison. Il arriva.

C'était un homme d'une quarantaine d'années, au teint basané, au visage rude et sauvage, aux cheveux noirs et crépus descendant jusqu'aux sourcils.

— Tison, dit Santerre, qui est venu, hier, apporter des vivres aux détenus?

Tison cita un nom.

— Et leur linge qui le leur a apporté?

— Ma fille.

— Ta fille est donc blanchisseuse?

— Certainement.

— Et tu lui as donné la pratique des prisonniers?

— Pourquoi pas? autant vaut qu'elle gagne cela qu'une autre. Ce n'est plus l'argent des tyrans, c'est l'argent de la nation, puisque la nation paie pour eux.

— On t'a dit d'examiner le linge avec attention.

— Eh bien! est-ce que je ne m'acquitte pas de mon devoir; à preuve qu'il y avait hier un mouchoir auquel on avait fait deux nœuds, que je l'ai été porter au conseil, qui a ordonné à ma femme de le dénouer, de le repasser, et de le remettre à madame Capet sans lui rien dire.

A cette indication de deux nœuds faits à un mouchoir, la reine tressaillit, ses prunelles se dilatèrent, et madame Elisabeth et elle échangèrent un regard.

— Tison, dit Santerre, ta fille est une

citoyenne dont personne ne soupçonne le patriotisme, mais, à partir d'aujourd'hui, elle n'entrera plus au Temple.

— O mon Dieu! dit Tison effrayé, que me dites-vous donc là, vous autres? comment! je ne reverrais plus ma fille que lorsque je sortirais!

— Tu ne sortiras plus, dit Santerre.

Tison regarda autour de lui sans arrêter sur aucun objet son œil hagard; et soudain :

— Je ne sortirai plus, s'écria-t-il! Ah! c'est comme cela. Eh bien! je veux sortir pour tout-à-fait, moi. Je donne ma démission; je ne suis pas un traître, un aristocrate, moi, pour qu'on me retienne en prison. Je vous dis que je veux sortir.

— Citoyen, dit Santerre, obéis aux ordres de la Commune, et tais-toi, ou tu pourrais mal t'en trouver; c'est moi qui te le dis. Reste ici et surveille ce qui s'y passe. On a l'œil sur toi, je t'en préviens.

Pendant ce temps, la reine, qui se croyait oubliée, se rassérénait peu à peu et replaçait son fils dans son lit.

— Fais monter ta femme, dit le municipal à Tison.

Celui-ci obéit sans mot dire. Les menaces de Santerre l'avaient rendu doux comme un agneau.

La femme Tison monta.

— Viens ici, citoyenne, dit Santerre, nous allons passer dans l'antichambre, et, pendant ce temps, tu fouilleras les détenues.

— Dis donc, femme, dit Tison, ils ne veulent plus laisser venir notre fille au Temple.

— Comment? ils ne veulent plus laisser venir notre fille. Mais nous ne la verrons donc plus, notre fille?

Tison secoua la tête.

— Qu'est-ce que vous dites donc là?

— Je dis que nous ferons un rapport

au conseil du Temple et que le conseil décidera. En attendant...

— En attendant, dit la femme, je veux revoir ma fille.

— Silence! dit Santerre, on t'a fait venir ici pour fouiller les prisonnières ; fouille-les, et puis après nous verrons...

— Mais... cependant...

— Oh! oh! fit Santerre en fronçant le sourcil; cela se gâte, ce me semble.

— Fais ce que dit le citoyen général ; fais, femme, après tu vois bien qu'il dit que nous verrons.

Et Tison regarda Santerre avec un humble sourire.

— C'est bien, dit la femme; allez-vous-en, je suis prête à les fouiller.

Ces hommes sortirent.

— Ma chère madame Tison, dit la reine, croyez bien...

— Je ne crois rien, citoyenne Capet, dit l'horrible femme en grinçant des dents, si ce n'est que c'est toi qui es cause de tous les malheurs du peuple. Aussi que je trouve quelque chose de suspect sur toi, et tu verras.

Quatre hommes restèrent à la porte pour prêter main-forte à la femme Tison si la reine résistait.

On commença par la reine.

On trouva sur elle un mouchoir noué de trois nœuds, qui semblait malheureusement une réponse préparée à celui dont avait parlé Tison, un crayon, un scapulaire et de la cire à cacheter.

— Ah! je le savais bien, dit la femme Tison; je l'avais bien dit aux municipaux qu'elle écrivait, l'Autrichienne! L'autre jour, j'avais trouvé une goutte de cire sur la bobêche du chandelier.

— Oh! madame, dit la reine avec un accent suppliant, ne montrez que le scapulaire.

— Ah! bien oui, dit la femme, de

la pitié pour toi... est-ce qu'on en a pour moi, de la pitié... on me prend ma fille.

Madame Elisabeth et madame Royale n'avaient rien sur elle.

La femme Tison rappela les municipaux qui rentrèrent, Santerre à leur tête ; elle leur remit les objets trouvés sur la reine qui passèrent de main en main et furent l'objet d'un nombre infini de conjectures ; le mouchoir noué de trois nœuds surtout exerça longuement les imaginations des persécuteurs de la race royale.

— Maintenant, dit Santerre, nous allons te lire l'arrêté de la Convention.

— Quel arrêté? demanda la reine.

— L'arrêté qui ordonne que tu seras séparée de ton fils.

— Mais c'est donc vrai que cet arrêté existe?

— Oui. La Convention a trop grand souci de la santé d'un enfant confié à sa garde par la nation pour le laisser en compagnie d'une mère aussi dépravée que toi...

Les yeux de la reine jetèrent des éclairs.

— Mais formulez une accusation au moins, tigres que vous êtes!

— Ce n'est parbleu pas difficile, dit un municipal, voilà...

Et il prononça une de ces accusations infâmes comme Suétone en porte contre Agrippine.

— Oh! s'écria la reine, debout, pâle et superbe d'indignation, j'en appelle au cœur de toutes les mères.

— Allons, allons, dit le municipal, tout cela est bel et bien, mais nous sommes déjà ici depuis deux heures, et nous ne pouvons pas perdre toute la journée, lève-toi, Capet, et suis-nous.

— Jamais! jamais! s'écria la reine, s'élançant entre les municipaux et le jeune Louis, et s'apprêtant à défendre l'approche du lit comme une tigresse fait de sa tanière, jamais je ne me laisserai enlever mon enfant!

— Oh! messieurs, dit madame Elisabeth en joignant les mains avec une admirable expression de prières, messieurs, au nom du ciel, ayez pitié de deux mères!

— Parlez, dit Santerre, dites les noms, avouez le projet de vos complices, expliquez ce que voulaient dire ces nœuds faits au mouchoir apporté avec votre linge par la fille Tison et ceux faits au mouchoir trouvé dans votre poche, alors on vous laissera votre fils.

Un regard de madame Elisabeth

sembla supplier la reine de faire ce sacrifice terrible.

Mais celle-ci, essuyant fièrement une larme qui brillait comme un diamant au coin de sa paupière :

— Adieu, mon fils, dit-elle. N'oubliez jamais votre père qui est au ciel, votre mère qui ira bientôt le rejoindre ; redites tous les soirs et tous les matins la prière que je vous ai apprise. Adieu, mon fils.

Elle lui donna un dernier baiser, et se relevant froide et inflexible :

— Je ne sais rien, messieurs, dit-elle, faites ce que vous voudrez.

Mais il eut fallu à cette reine plus de force que n'en contenait le cœur d'une femme et surtout le cœur d'une mère. Elle retomba anéantie sur une chaise, tandis qu'on emportait l'enfant, dont les larmes coulaient et qui lui tendait les bras, mais sans jeter un cri.

La porte se referma derrière les municipaux qui emportaient l'enfant royal, et les trois femmes demeurèrent seules.

Il y eut un moment de silence désespéré, interrompu seulement par quelques sanglots.

La reine le rompit la première.

— Ma fille, dit-elle, et ce billet?

— Je l'ai brûlé comme vous me l'aviez dit, ma mère.

— Sans le lire?

— Sans le lire.

— Adieu donc, dernière lueur, suprême espérance, murmura madame Elisabeth.

— Oh! vous avez raison, vous avez raison, ma sœur, c'est trop souffrir.

Puis se retournant vers sa fille:

— Mais vous en avez vu l'écriture du moins, Marie?

— Oui, ma mère, un moment.

La reine se leva, alla regarder à la porte pour voir si elle n'était point observée, et, tirant une épingle de ses cheveux, elle s'approcha de la muraille, fit sortir d'une fente un petit papier plié en forme de billet, et montrant ce billet à Madame Royale :

— Rappelez tous vos souvenirs avant de me répondre, ma fille, dit-elle ; l'écriture était-elle la même que celle-ci ?

— Oui, oui, ma mère, s'écria la princesse, oui, je la reconnais !

— Dieu soit loué ! s'écria la reine en tombant à genoux avec ferveur. S'il a pu écrire, depuis ce matin, c'est qu'il est sauvé, alors. Merci! mon Dieu! merci! un si noble ami méritait bien un de tes miracles.

—De qui parlez-vous donc, ma mère? demanda madame Royale. Quel est cet ami? dites-moi son nom, que je le recommande à Dieu dans mes prières.

— Oui, vous avez raison, ma fille ; ne l'oubliez jamais, ce nom, car c'est le nom d'un gentilhomme plein d'honneur et de bravoure ; celui-là n'est pas dévoué par ambition, car il ne s'est révélé qu'aux jours du malheur. Il n'a jamais vu la reine de France, ou plutôt la reine de France ne l'a jamais vu, et il voue sa vie à la défendre. Peut-être sera-t-il récompensé comme on récompense aujourd'hui toute vertu, par une mort terrible.... Mais... s'il meurt... oh! là-haut! là-haut! je le remercierai... Il s'appelle...

La reine regarda avec inquiétude autour d'elle et baissa la voix :

— Il s'appelle le chevalier de Maison-Rouge... Priez pour lui!

VII

Serment de joueur.

La tentative d'enlèvement, si contestable qu'elle fût, puisqu'elle n'avait eu aucun commencement d'exécution, avait vivement excité la colère des uns et l'intérêt des autres. Ce qui corroborait d'ailleurs cet événement, de probabilité presque matérielle, c'est que le comité de sûreté générale apprit que depuis trois semaines, ou un un mois, une foule d'émigrés étaient rentrés en France par différens points de la frontière. Il était évident que des gens qui risquaient ainsi leur tête, ne la risquaient pas sans dessein, et ce dessein était, selon toute probabilité, de concourir à l'enlèvement de la famille royale.

Déjà, sur la proposition du conventionnel Osselin, avait été promulgué le décret terrible qui condamnait à mort tout émigré convaincu d'avoir remis le pied en France, tout Français convaincu d'avoir eu des projets d'émigration, tout particulier convaincu d'avoir aidé dans sa fuite ou dans son retour un émigré ou un émigrant, enfin tout citoyen convaincu d'avoir donné asile à un émigré.

Cette terrible loi inaugurait la Terreur. Il ne manquait plus que la loi des suspects.

Le chevalier de Maison-Rouge était un ennemi trop actif et trop audacieux pour que sa rentrée dans Paris et son apparition au Temple n'entraînassent point les plus graves mesures. Des perquisitions plus sévères qu'elles ne l'avaient jamais été, furent exécutées dans une foule de maisons suspectes. Mais, hormis la découverte de quelques femmes émigrées qui se laissèrent prendre, et de quelques vieillards qui ne se soucièrent pas de disputer aux bourreaux le peu de jours qui leur restaient, les recherches n'aboutirent à aucun résultat.

Les sections, comme on le pense bien, furent, à la suite de cet évènement, fort occupées pendant plusieurs jours, et par conséquent le secrétaire de la section Lepelletier, l'une des plus influentes de Paris, eut peu de temps pour penser à son inconnue.

D'abord, et comme il avait résolu en quittant la rue Vieille-Saint-Jacques, il avait tenté d'oublier ; mais, comme lui avait dit son ami Lorin :

En songeant qu'il faut qu'on oublie
On s'en souvient.

Maurice, cependant, n'avait rien dit, ni rien avoué. Il avait renfermé dans son cœur tous les détails de cette aventure qui avaient pu échapper à l'investigation de son ami. Mais celui-ci, qui connaissait Maurice pour une joyeuse et expansive nature, et qui le voyait maintenant sans cesse rêveur et cherchant la solitude, se doutait bien, comme il le disait, que ce coquin de Cupidon avait passé par là.

Il est à remarquer que, parmi ses dix-huit siècles de monarchie, la France a eu peu d'années aussi mythologiques que l'an de grâce 1793.

Cependant, le chevalier n'était pas pris; on n'entendait plus parler de lui. La reine, veuve de son mari, et orpheline de son enfant, se contentait de pleurer, quand elle était seule, entre sa fille et sa sœur.

Le jeune dauphin commençait aux mains du cordonnier Simon ce martyre qui devait en deux ans le réunir à son père et à sa mère. Il y eut un instant de calme.

Le volcan montagnard se reposait avant de dévorer les Girondins.

Maurice sentit le poids de ce calme comme on sent la lourdeur de l'atmosphère en temps d'orage, et ne sachant que faire d'un loisir qui le livrait tout entier à l'ardeur d'un sentiment qui, s'il n'était pas l'amour, lui ressemblait fort, il relut la lettre, baisa son beau saphir, et résolut, malgré le serment qu'il avait fait, d'essayer d'une dernière tentative, se promettant bien que celle-là serait la dernière.

Le jeune homme avait bien pensé à une chose, c'était de s'en aller à la section du Jardin-des-Plantes, et là de demander des renseignemens au secrétaire son collègue. Mais cette première idée, et nous pourrions même dire cette seule idée qu'il avait eue, que sa belle inconnue était mêlée à quelque trame politique, le retint : l'idée qu'une indiscrétion de sa part pouvait conduire cette femme charmante à la place de la Révolution, et faire tomber cette tête d'ange sur l'échafaud, faisait passer un horrible frisson dans les veines de Maurice.

Il se décida donc à tenter l'aventure seul et sans aucun renseignement. Son plan, d'ailleurs, était bien simple. Les listes placées sur chaque porte devaient lui donner les premiers indices; puis des interrogatoires aux concierges devaient achever d'éclaircir ce mystère. En sa qualité de secrétaire de la rue

Lepelletier, il avait plein et entier droit d'interrogatoire.

D'ailleurs Maurice ignorait le nom de son inconnue, mais il devait être guidé par les analogies. Il était impossible qu'une si charmante créature n'eût pas un nom en harmonie avec sa forme : quelque nom de sylphide, de fée ou d'ange. Car à son arrivée sur la terre, on avait dû saluer sa venue comme celle d'un être supérieur et surnaturel.

Le nom le guiderait donc infailliblement.

Maurice revêtit une carmagnole de gros drap brun, se coiffa du bonnet rouge des grands jours, et partit pour son exploration sans prévenir personne.

Il avait à la main un de ces gourdins noueux qu'on appelait une *constitution*, et emmanchée à son poignet vigoureux, cette arme avait la valeur de la massue d'Hercule. Il avait dans sa poche sa commission de secrétaire de la section Lepelletier. C'étaient donc à la fois sa sûreté physique et sa garantie morale.

Il se mit donc à parcourir de nouveau la rue Saint-Victor, la rue Vieille-Saint-Jacques, lisant à la lueur du jour défaillant tous ces noms écrits d'une main plus ou moins exercée sur le panneau de chaque porte.

Maurice en était à sa centième maison et par conséquent à sa centième liste, sans que rien eût pu lui faire croire encore qu'il fût le moins du monde sur la trace de son inconnue, qu'il ne voulait reconnaître qu'à la condition que s'offrirait à ses yeux un nom dans le genre de celui qu'il avait rêvé, lorsqu'un brave cordonnier voyant l'impatience reprendre sur la figure du lecteur, ouvrit sa porte, sortit avec sa courroie de cuir et son poinçon, et regardant Maurice par-dessus ses lunettes.

— Veux-tu avoir quelque renseignement sur les locataires de cette maison, citoyen? dit-il; en ce cas, parle, je suis prêt à te répondre.

— Merci, citoyen, balbutia Maurice, mais je cherchais le nom d'un ami.

— Dis ce nom, citoyen, je connais tout le monde dans ce quartier ; où demeurait cet ami?

— Il demeurait, je crois, vieille rue Jacques ; mais j'ai peur qu'il n'ait déménagé.

— Mais comment se nommait-il, il faut que je sache son nom.

Maurice surpris resta un instant hésitant, puis il prononça le premier nom qui se présenta à sa mémoire.

— Réné, dit-il.

Et son état?

Maurice était entouré de tanneries.

— Garçon tanneur, dit-il.

— Dans ce cas, dit un bourgeois qui venait de s'arrêter là et qui regardait Maurice avec une certaine bonhomie qui n'était pas exempte de défiance, il faudrait s'adresser au maître.

— C'est juste ça, dit le portier, c'est très juste ; les maîtres savent les noms de leurs ouvriers, et voilà le citoyen Dixmer, tiens, qui est directeur de tannerie et qui a plus de cinquante ouvriers dans sa tannerie, il peut te renseigner, lui.

Maurice se retourna et vit un bon bourgeois d'une taille élevée, d'un visage placide, d'une richesse de costume qui annonçait l'industriel opulent.

— Seulement, comme l'a dit le citoyen portier, continua le bourgeois, il faudrait savoir le nom de cet ami.

— Je l'ai dit, Réné.

— Réné n'est qu'un nom de baptême, et c'est le nom de famille que je demande. Tous les ouvriers inscrits chez moi le sont sous le nom de famille.

— Ma foi, dit Maurice, que cette espèce d'interrogatoire commençait à impatienter, le nom de famille, je ne le sais pas.

— Comment! dit le bourgeois avec un sourire dans lequel Maurice crut remarquer plus d'ironie qu'il n'en voulait laisser paraître, comment citoyen, tu ne sais pas le nom de famille de ton ami!

— Non.

— En ce cas, il est probable que tu ne le retrouveras pas.

Et le bourgeois saluant gracieusement Maurice, fit quelques pas et entra dans une maison de la vieille rue Jacques.

— Le fait est que si tu ne sais pas

son nom de famille..., dit le portier.

— Eh bien! non, je ne le sais pas, dit Maurice qui n'aurait pas été fâché, pour avoir une occasion de faire déborder sa mauvaise humeur, qu'on lui cherchât une querelle, et même, il faut le dire, qui n'était pas éloigné d'en chercher une exprès.

— Rien, citoyen, rien du tout; seulement, si tu ne sais pas le nom de ton ami, il est probable, comme te l'a dit le citoyen Dixmer, il est probable que tu ne le retrouveras point.

Et le citoyen portier rentra dans sa loge en haussant les épaules.

Maurice avait bonne envie de rosser

le citoyen portier, mais ce dernier était vieux : sa faiblesse le sauva. Vingt ans de moins et Maurice eût donné le spectacle scandaleux de l'égalité devant la loi, mais de l'inégalité devant la force.

D'ailleurs le jour tombait, et Maurice n'avait plus que quelques minutes de lumière.

Il en profita pour s'engager d'abord dans la première ruelle, ensuite dans la seconde ; il en examina chaque porte, il en sonda chaque recoin, regarda par-dessus chaque palissade, se hissa au-dessus de chaque mur, lança un coup-d'œil dans l'intérieur de chaque grille, par le trou de chaque serrure, heurta à quelques magasins déserts sans avoir de réponse, enfin consuma près de deux heures dans cette recherche inutile.

Neuf heures du soir sonnèrent. Il faisait nuit close : on n'entendait plus aucun bruit, on n'apercevait plus aucun mouvement dans ce quartier désert d'où la vie semblait s'être retirée avec le jour.

Maurice désespéré allait faire un mouvement rétrograde, quand tout-à-coup, au détour d'une étroite allée, il vit briller une lumière. Il s'aventura aussitôt dans le passage sombre sans remarquer qu'au moment même où il s'y enfonçait, une tête curieuse qui, depuis un quart-d'heure, du milieu d'un massif d'arbres, s'élevant au-dessus de la muraille, suivait tous ses mouvemens, venait de disparaître avec précipitation derrière cette muraille.

Quelques secondes après que la tête eut disparu, trois hommes sortant par une petite porte percée dans cette même muraille, allèrent se jeter dans l'allée où venait de se perdre Maurice, tandis qu'un quatrième, pour plus grande précaution, fermait la porte de cette allée.

Maurice, au bout de l'allée, avait trouvé une cour : c'était de l'autre côté de cette cour que brillait la lumière. Il frappa à la porte d'une maison pauvre et solitaire; mais au premier coup qu'il frappa, la lumière s'éteignit.

Maurice redoubla, mais nul ne répondit à son appel : il vit que c'était un parti pris de ne pas répondre. Il compris qu'il perdrait inutilement son temps à frapper, traversa la cour et rentra sous l'allée.

En même temps la porte de la maison tourna doucement sur ses gonds, trois hommes en sortirent et un coup de sifflet retentit.

Maurice se retourna et vit trois ombres à la distance de deux longueur de son bâton.

Dans les ténèbres, à la lueur de cette espèce de lumière qui existe toujours pour les yeux depuis longtemps habitués à l'obscurité, reluisaient trois lames aux reflets fauves.

Maurice comprit qu'il était cerné. Il voulut faire le moulinet avec son bâton, mais l'allée était si étroite que son bâton toucha les deux murs. Au même instant un violent coup, porté sur la tête, l'étourdit. C'était une agression imprévue faite par les quatre hommes qui étaient sortis de la petite porte de la muraille. Sept hommes se jetèrent à la fois sur Maurice, et malgré une résistance désespérée, le terrassèrent, lui lièrent les mains et lui bandèrent les yeux.

Maurice n'avait pas jeté un cri, n'avait pas appelé à l'aide. La force et le courage veulent toujours se suffire à eux-mêmes et semblent avoir honte d'un secours étranger.

D'ailleurs Maurice eût appelé que dans ce quartier désert personne ne fût venu.

Maurice fut donc lié et garotté sans, comme nous l'avons dit, qu'il eût poussé une plainte.

Il avait réfléchi, au reste, que si on lui bandait les yeux ce n'était pas pour le tuer tout de suite. À l'âge de Maurice tout répit est un espoir.

Il recueillit donc toute sa présence d'esprit et attendit.

— Qui es-tu? demanda une voix encore animée par la lutte.

— Je suis un homme que l'on assassine, répondit Maurice.

— Il y a plus, tu es un homme mort si tu parles haut, que tu appelles ou que tu cries.

— Si j'eusse dû crier, je n'eusse point attendu jusqu'à présent.

— Es-tu prêt à répondre à mes questions?

— Questionnez d'abord, je verrai après si je dois répondre.

— Qui t'envoie ici?

— Personne.

— Tu y viens donc de ton propre mouvement?

— Oui.

— Tu mens.

Maurice fit un mouvement terrible pour dégager ses mains; la chose était impossible.

— Je ne mens jamais, dit-il.

— En tout cas, que tu viennes de ton propre mouvement, ou que tu sois envoyé, tu es un espion.

— Et vous des lâches!

— Des lâches, nous!

— Oui, vous êtes sept ou huit contre un homme garotté, et vous insultez cet homme. Lâches! lâches! lâches!.

Cette violence de Maurice au lieu d'aigrir ses adversaires parut les calmer : cette violence même était la preuve que le jeune homme n'était pas ce dont on l'accusait ; un véritable espion eût tremblé et demandé grâce.

— Il n'y a pas d'insulte là, dit une autre voix plus douce, mais en même temps plus impérieuse qu'aucune de celles qui avaient parlé.

Dans le tems où nous vivons, on peut être espion sans être malhonnête homme. Seulement on risque sa vie.

— Soyez le bien venu vous qui avez prononcé cette parole, j'y répondrai loyalement.

— Qu'êtes-vous venu faire dans ce quartier ?

— Y chercher une femme.

Un murmure d'incrédulité accueillit cette excuse. Ce murmure grossit et devint un orage.

— Tu mens, reprit la même voix. Il n'y a point de femme et nous savons ce que nous disons par femme. Il n'y a pas de femme à poursuivre dans ce quartier ; avoue ton projet ou tu mourras.

— Allons donc, dit Maurice. Vous ne me tueriez pas pour le plaisir de me tuer, à moins que vous ne soyez de véritables brigands.

Et Maurice fit un second effort plus violent et plus inattendu encore que le premier pour dégager ses mains de la corde qui les liait. Mais soudain un froid douloureux et aigu lui déchira la poitrine.

Maurice fit malgré lui un mouvement en arrière.

— Ah! tu sens cela, dit un des hommes. Eh bien! il y a encore huit pouces pareils au pouce avec lequel tu viens de faire connaissance.

— Alors achevez, dit Maurice avec

résignation. Ce sera fini tout de suite au moins.

— Qui es-tu, voyons? dit la voix douce et impérieuse à la fois.

— C'est mon nom que vous voulez savoir?

— Oui, ton nom.

— Je suis Maurice Lindey.

— Quoi! s'écria une voix, Maurice Lindey, le révoluti....., le patriote! Maurice Lindey, secrétaire de la section Lepelletier.

Ces paroles furent prononcées avec tant de chaleur que Maurice vit bien qu'elles étaient décisives. Y répondre c'était d'une façon ou de l'autre fixer invariablement son sort.

Maurice était incapable d'une lâcheté. Il se redressa en vrai Spartiate et dit d'une voix ferme :

— Oui, Maurice Lindey, oui, Maurice Lindey, le secrétaire de la section Lepelletier; oui, Maurice Lindey, le patriote, le révolutionnaire, le Jacobin; Maurice Lindey enfin, dont le plus beau jour sera celui où il mourra pour la liberté.

Un silence de mort accueillit cette réponse.

Maurice Lindey présentait sa poitrine attendant d'un moment à l'autre que la lame, dont il avait senti la pointe seulement, se plongeât tout entière dans son cœur.

— Est-ce bien vrai? dit après quelques secondes une voix qui trahissait quelque émotion. Voyons, jeune homme, ne mens pas.

— Fouillez dans ma poche, dit Maurice, et vous trouverez ma commission. Regardez sur ma poitrine, et si mon sang ne les a pas effacées, vous trouverez mes initiales, un *M* et un *L* brodés sur ma chemise.

Aussitôt Maurice se sentit enlever de terre par des bras vigoureux. Il fut porté pendant un espace assez court. Il entendit ouvrir une première porte, puis une seconde. Seulement la seconde était plus étroite que la première. Car à peine si les hommes qui le portaient y purent passer avec lui.

Les murmures et les chuchottemens continuaient.

— Je suis perdu, se dit à lui-même Maurice; ils vont me mettre une pierre au cou et me jeter dans quelque trou de la Bièvre.

Mais au bout d'un instant, il sentit que ceux qui le portaient montaient quelques marches. Un air plus tiède frappa son visage, et on le déposa sur un siège. Il entendit fermer une porte à double tour, des pas s'éloignèrent. Il crut sentir qu'on le laissait seul. Il prêta l'oreille avec autant d'attention que peut le faire un homme dont la vie dépend d'un mot, et il crut entendre que cette même voix, qui avait déjà frappé son oreille par un mélange de fermeté et de douceur, disait aux autres :

— Délibérons.

VIII

Geneviève.

Un quart d'heure s'écoula qui parut un siècle à Maurice. Rien de plus naturel : jeune, beau, vigoureux, soutenu dans sa force par cent amis dévoués, avec lesquels et par lesquels il rêvait parfois l'accomplissement de grandes choses, il se sentait tout à coup, sans préparation aucune, exposé à perdre la vie dans un guet-apens ignoble.

Il comprenait qu'on l'avait renfermé dans une chambre quelconque, mais était-il surveillé?

Il essaya un nouvel effort pour rompre ses liens. Ses muscles d'acier se gonflèrent et se raidirent, la corde lui entra dans les chairs, mais ne se rompit pas.

Le plus terrible, c'est qu'il avait les mains liées derrière le dos et qu'il ne pouvait arracher son bandeau;

s'il avait pu voir, peut-être eût-il pu fuir.

Cependant ces diverses tentatives s'étaient accomplies sans que personne s'y opposât, sans que rien ne bougeât autour de lui ; il en augura qu'il était seul.

Ses pieds foulaient quelque chose de moëlleux et de sourd, du sable, de la terre grasse, peut-être. Une odeur âcre et pénétrante frappait son odorat et dénonçait la présence de substances végétales. Maurice pensa qu'il était dans une serre ou dans quelque chose de pareil. Il fit quelques pas, heurta un mur, se retourna pour tâter avec ses mains, sentit des instrumens aratoires, et poussa une exclamation de joie.

Avec des efforts inouïs, il parvint à explorer tous ces instrumens les uns après les autres. Sa fuite devenait alors une question de tems : si le hasard ou la Providence lui donnait cinq minutes, et si parmi ces ustensiles il trouvait un instrument tranchant, il était sauvé.

Il trouva une bêche.

Ce fut, par la façon dont Maurice était lié, tout une lutte pour retourner cette bêche, de façon à ce que le fer fût en haut. Sur ce fer, qu'il maintenait contre le mur avec ses reins, il coupa ou plutôt il usa la corde qui lui liait les poignets. L'opération était longue, le fer de la bêche tranchait lentement. La sueur lui coulait sur le front; il entendit comme un bruit de pas qui se rapprochait. Il fit un dernier effort, violent, inouï, suprême; la corde, à moitié usée, se rompit.

Cette fois, ce fut un cri de joie qu'il poussa, il était sûr du moins de mourir en se défendant.

Maurice arracha le bandeau de dessus ses yeux.

Il ne s'était pas trompé; il était dans une espèce, non pas de serre, mais de pavillon où l'on avait serré quelques-unes de ces plantes grasses qui ne peuvent passer la mauvaise saison en plein air. Dans un coin, étaient ces instrumens de jardinage dont l'un lui avait rendu un si grand service. En face de lui était une fenêtre : il s'élança vers la fenêtre ; elle était grillée, et un homme armé d'une carabine était placé en sentinelle devant.

De l'autre côté du jardin, à trente pas de distance à peu près, s'élevait un petit kiosque qui faisait pendant à celui où était Maurice. Une jalousie était baissée ; mais à travers cette jalousie brillait une lumière.

Il s'approcha de la porte et écouta :

une autre sentinelle passait et repassait devant la porte. C'étaient ces pas qu'il avait entendus.

Mais au fond du corridor retentissaient des voix confuses, la délibération avait visiblement dégénéré en discussion. Maurice ne pouvait entendre avec suite ce qui se disait. Cependant quelques mots pénétraient jusqu'à lui, et parmi ces mots, comme si pour ceux-là seuls la distance était moins grande, il entendait les mots espion, poignard, mort.

Maurice redoubla d'attention. Une porte s'ouvrit et il entendit plus distinctement.

— Oui, disait une des voix, oui,

c'est un espion, il a découvert quelque chose et il est certainement envoyé pour surprendre nos secrets. En le délivrant, nous courons risque qu'il nous dénonce.

— Mais sa parole, dit une voix ?

— Sa parole, il la donnera, puis il la trahira. Est-ce qu'il est gentilhomme pour qu'on se fie à sa parole?

— Maurice grinça des dents à cette idée que quelques gens avaient encore la prétention qu'il fallût être gentilhomme pour garder la foi jurée.

— Mais nous connaît-il pour nous dénoncer?

— Non, certes il ne nous connaît pas, il ne sait pas ce que nous faisons ; mais il sait l'adresse, il reviendra, et cette fois il reviendra bien accompagné.

L'argument parut péremptoire.

— Eh ! bien, dit la voix qui déjà plusieurs fois avait frappé Maurice comme devant être celle du chef, c'est donc décidé.

— Mais oui, cent fois oui, je ne vous comprends pas avec votre magnanimité, mon cher ; si le Comité de salut public nous tenait, vous verriez s'il ferait toutes ces façons.

— Ainsi donc vous persistez dans votre décision, messieurs?

— Sans doute, et vous n'allez pas j'espère vous y opposer.

— Je n'ai qu'une voix, messieurs. Elle a été pour qu'on lui rendît la liberté. Vous en avez six, elles ont été toutes six pour la mort, va donc pour la mort.

La sueur qui coulait sur le front de Maurice se glaça tout à coup.

— Il va crier, hurler, dit la voix. Avez-vous au moins éloigné madame Dixmer?

— Elle ne sait rien. Elle est dans le pavillon en face.

— Madame Dixmer, murmura Maurice; je commence à comprendre. Je suis chez ce maître tanneur qui m'a parlé dans la vieille rue Saint-Jacques, et qui s'est éloigné en se riant de moi quand je n'ai pas pu lui dire le nom de mon ami. Mais quel diable d'intérêt un maître tanneur peut-il avoir à m'assassiner. ?

Maurice regarda autour de lui, aperçut un piquet de fer emmanché d'un manche de frêne.

— En tout cas, dit-il, avant qu'on m'assassine, j'en tuerai plus d'un.

Et il bondit vers l'instrument inoffensif qui, dans sa main, allait devenir une arme terrible.

Puis il revint derrière la porte et se plaça de façon à ce qu'en se déployant elle le couvrît.

Son cœur palpitait à briser sa poitrine, et dans le silence on entendait le bruit de ses palpitations.

— Tout à coup Maurice frissonna de la tête aux pieds : une voix avait dit :

— Si vous m'en croyez, vous casserez tout bonnement une vitre, et à travers les barreaux vous le tuerez d'un coup de carabine.

— Oh! non, non, pas d'explosion, dit une autre voix ; une explosion peut nous trahir. Ah! vous voilà, Dixmer, et votre femme?

— Je viens de regarder à travers la jalousie; elle ne se doute de rien; elle lit.

— Dixmer, vous allez nous fixer; êtes-vous pour un coup de carabine, êtes-vous pour un coup de poignard?

— Autant que possible, point d'arme à feu. Le poignard.

— Soit pour le poignard. Allons!

— Allons! répétèrent ensemble les cinq ou six voix.

Maurice était un enfant de la Révolution, un cœur de bronze, une âme athée, comme il y en avait beaucoup à cette époque-là. Mais à ce mot *allons* prononcé derrière cette porte qui seule le séparait de la mort, il se rappela le signe de la croix que sa mère lui avait appris lorsque, tout enfant, elle lui faisait dire ses prières à genoux.

Les pas se rapprochèrent, puis ils s'arrêtèrent, puis la clé grinça dans la serrure, et la porte s'ouvrit lentement.

Pendant cette minute qui venait de s'écouler, Maurice s'était dit :

— Si je perds mon tems à frapper, je serai tué. En me précipitant sur les assassins, je les surprends; je gagne le jardin, la ruelle, je me sauve peut-être.

Aussitôt, prenant un élan de lion, en jetant un cri sauvage où il y avait encore plus de menace que d'effroi, il renversa les deux premiers hommes qui, le croyant lié et les yeux bandés, étaient loin de s'attendre à une pareille agression, écarta les autres, franchit, grâce à ses jarrets d'acier, dix toises en une seconde, vit au bout du corridor une porte donnant sur le jardin toute grande ouverte, s'élança, sauta dix marches, se trouva dans le jardin et s'orientant du mieux qui lui était possible courut vers la porte.

La porte était fermée à deux verrous et à la serrure. Maurice tira les deux verrous, voulut ouvrir la serrure, il n'y avait pas de clé.

Pendant ce tems, ceux qui le poursuivaient étaient arrivés au perron. Ils l'aperçurent.

— Le voilà! crièrent-ils, tirez dessus, Dixmer, tirez dessus, tuez! tuez!

Maurice poussa un rugissement : il était enfermé dans le jardin ; il mesura de l'œil les murailles, elles avaient dix pieds de haut.

Tout cela fut rapide comme une seconde.

Les assassins s'élancèrent à sa poursuite.

Maurice avait trente pas d'avance à peu près sur eux ; il regarda tout autour de lui avec ce regard du condamné qui demande l'ombre d'une chance de salut pour en faire une réalité.

Il aperçut le kiosque, la jalousie, derrière la jalousie, la lumière.

Il ne fit qu'un bond, un bond de dix pieds, saisit la jalousie, l'arracha, passa au travers de la fenêtre en la brisant et tomba dans une chambre éclairée où lisait une femme assise près du feu.

Cette femme se leva épouvantée en criant au secours.

— Range-toi, Geneviève, range-toi, cria la voix de Dixmer, range-toi que je le tue.

Et Maurice vit s'abaisser à dix pas de lui le canon de la carabine.

Mais à peine la femme l'eut-elle regardé qu'elle jeta un cri terrible, et qu'au lieu de se ranger comme le lui ordonnait son mari, elle se jeta entre lui et le canon du fusil.

Ce mouvement concentra toute l'attention de Maurice sur la généreuse créature dont le premier mouvement était de le protéger

A son tour, il jeta un cri.

C'était son inconnue tant cherchée.

— Vous!... vous!... s'écria-t-il.

— Silence, dit-elle.

Puis se retournant vers les assassins qui, différentes armes à la main, s'étaient rapprochés de la fenêtre :

— Oh! vous ne le tuerez pas, s'écria-t-elle.

— C'est un espion, s'écria Dixmer, dont la figure douce et placide avait pris une expression de résolution implacable; c'est un espion et il doit mourir.

— Un espion ! lui dit Geneviève, lui, un espion ! Venez ici, Dixmer. Je n'ai qu'un mot à vous dire pour vous prouver que vous vous trompez étrangement.

Dixmer s'approcha de la fenêtre. Geneviève s'approcha de lui, et se penchant à son oreille, elle lui dit quelques mots tout bas.

Le maître tanneur releva vivement la tête.

— Lui ! dit-il.

— Lui-même, répondit Geneviève.

— Vous en êtes sûre ?

La jeune femme ne répondit point

cette fois, mais elle se retourna vers Maurice et lui tendit la main en souriant.

Les traits de Dixmer reprirent alors une expression singulière de mansuétude et de froideur. Il posa la crosse de sa carabine à terre.

— Alors, c'est autre chose, dit-il.

Puis, faisant signe à ses compagnons de le suivre, il s'écarta avec eux et leur dit quelques mots, après lesquels ils s'éloignèrent.

— Cachez cette bague, murmura Geneviève pendant ce temps; tout le monde la connaît ici.

Maurice ôta vivement la bague de son doigt et la glissa dans la poche de son gilet.

Un instant après la porte du pavillon s'ouvrit, et Dixmer, sans arme, s'avança vers Maurice.

— Pardon, citoyen, lui dit-il, que n'ai-je su plutôt les obligations que je vous avais! Mais ma femme, tout en se souvenant du service que vous lui aviez rendu dans la soirée du 10 mars, avait oublié votre nom. Nous ignorions donc complètement à qui nous avions affaire; sans cela croyez-le bien, nous n'eussions pas un instant suspecté votre honneur ni soupçonné vos intentions. Ainsi donc, pardon, encore une fois!

Maurice était stupéfait ; il se tenait debout par un miracle d'équilibre, il sentait que la tête lui tournait ; il était prêt à tomber.

Il s'appuya à la cheminée.

— Mais enfin, dit-il, pourquoi vouliez-vous donc me tuer ?

— Voilà le secret, citoyen, dit Dixmer, et je le confie à votre loyauté. Je suis, comme vous le savez déjà, maître tanneur, et chef de cette tannerie. La plupart des acides que j'emploie pour la préparation de mes peaux sont des marchandises prohibées. Or, les contrebandiers que j'emploie avaient avis d'une délation faite au conseil général. Vous voyant prendre des informations, j'ai eu peur. Mes contrebandiers ont encore plus peur que moi de votre bonnet rouge et de votre air décidé, et je ne vous cache pas que votre mort était résolue.

— Je le sais pardieu bien, s'écria Maurice, et vous ne m'apprenez rien là de nouveau. J'ai entendu votre délibération, et j'ai vu votre carabine.

— Je vous ai déjà demandé pardon, reprit Dixmer d'un air de bonhomie attendrissante. Comprenez donc ceci, que, grâce aux désordres du temps, nous sommes, moi et mon associé, M. Morand, en train de faire une immense fortune. Nous avons la fourniture des sacs militaires; tous les jours nous en faisons confectionner quinze cents ou deux mille. Grâce au bienheureux état de choses dans lequel nous vivons, la municipalité, qui a fort affaire, n'a pas le temps de vérifier bien exactement nos comptes; de sorte, il faut bien l'avouer, que nous pêchons un peu en eau trouble; d'autant plus, comme je vous le disais, que les matières préparatoires que nous nous procurons par contrebande nous permettent de gagner deux cents pour cent.

— Diable! fit Maurice, cela me paraît un bénéfice assez honnête, et e comprends maintenant votre crainte qu'une dénonciation de ma part le fît cesser ; mais maintenant que vous me connaissez, vous êtes rassuré, n'est-ce pas ?

— Maintenant, dit Dixmer, je ne vous demande même plus votre parole.

Puis, lui posant la main sur l'épaule et le regardant avec un sourire :

— Voyons, lui dit-il, à présent que nous sommes en petit comité et entre amis, je puis le dire, que veniez-vous faire par ici, jeune homme ? Bien entendu, ajouta le maître tanneur, que si vous voulez vous taire, vous êtes parfaitement libre.

— Mais je vous l'ai dit, je crois, balbutia Maurice.

— Oui, une femme, dit le bourgeois, je sais qu'il était question d'une femme...

— Mon Dieu! pardonnez-moi, citoyen, dit Maurice ; mais je comprends à merveille que je vous dois une explication. Eh bien! je cherchais une femme qui, l'autre soir, sous le masque, m'a dit demeurer dans ce quartier. Je ne sais ni son nom, ni sa position, ni sa demeure. Seulement je sais que je suis amoureux fou, qu'elle est petite.

Geneviève était grande.

— Qu'elle est blonde et qu'elle a l'air éveillé.

Geneviève était brune avec de grands yeux pensifs.

— Une grisette enfin... continua Maurice, aussi pour lui plaire ai-je pris cet habit populaire.

— Voilà qui explique tout, dit Dixmer avec une foi angélique que ne démentait point le moindre regard sournois.

Geneviève avait rougi, et se sentant rougir, s'était détournée.

— Pauvre citoyen Lindey! dit Dixmer en riant, quelle mauvaise heure nous vous avons fait passer, et vous êtes bien le dernier à qui j'eusse voulu faire du mal; un si bon patriote, un frère... mais, en vérité, j'ai cru que quelque mal intentionné usurpait votre nom.

— Ne parlons plus de cela, dit Maurice, qui comprit qu'il était temps de se retirer ; remettez-moi dans mon chemin et oublions.

— Vous remettre dans votre chemin ! s'écria Dixmer, vous quitter ! ah! non pas, non pas ! je donne ou plutôt mon associé et moi nous donnons ce soir à souper aux braves garçons qui voulaient vous égorger tout-à-l'heure. Je compte bien vous faire souper avec eux pour que vous voyiez qu'ils ne sont point si diables qu'ils en ont l'air.

— Mais, dit Maurice au comble de la joie de rester quelques heures près de Geneviève ; je ne sais vraiment si je dois accepter...

— Comment! si vous devez accepter, dit Dixmer ; je le crois bien : ce sont de bons et francs patriotes comme vous; d'ailleurs, je ne croirai pas que vous m'avez pardonné, que lorsque nous aurons rompu le pain ensemble.

Geneviève ne disait pas un mot. Maurice était au supplice.

— C'est qu'en vérité, balbutia le jeune homme, je crains de vous gêner, citoyen... ce costume... ma mauvaise mine...

Geneviève le regarda timidement.

— Nous offrons de bon cœur, dit-elle.

— J'accepte, citoyenne, répondit Maurice en s'inclinant.

— Eh bien! je vais rassurer nos compagnons, dit le maître tanneur; chauffez-vous en attendant, cher ami.

Il sortit. Maurice et Geneviève restèrent seuls.

—Ah! monsieur, dit la jeune femme avec un accent auquel elle essayait inutilement de donner le ton du reproche; vous avez manqué à votre parole; vous avez été indiscret.

— Quoi, madame, s'écria Maurice, vous aurais-je compromise? ah! dans ce cas, pardonnez-moi; je me retire et jamais...

— Dieu! s'écria-t-elle en se levant, vous êtes blessé à la poitrine! votre chemise est toute teinte de sang!

En effet, sur la chemise si fine et si blanche de Maurice, chemise qui faisait un étrange contraste avec ses habits grossiers, une large plaque de rouge s'était étendue et avait séché.

—Oh! n'ayez aucune inquiétude, madame, dit le jeune homme, un des contrebandiers m'a piqué avec son poignard.

Geneviève pâlit, et lui prenant la main :

— Pardonnez-moi, murmura-t-elle, le mal qu'on vous a fait ; vous m'avez sauvé la vie, et j'ai failli être cause de votre mort.

— Ne suis-je pas bien récompensé en vous retrouvant ! car, n'est-ce pas, vous n'avez pas cru un instant que ce fût une autre que vous que je cherchais ?

— Venez avec moi, interrompit Geneviève ; je vous donnerai du linge... Il ne faut pas que nos convives vous voient en cet état : ce serait pour eux un reproche trop terrible.

— Je vous gêne bien, n'est-ce pas, répliqua Maurice en soupirant.

—Pas du tout, j'accomplis un devoir. Et elle ajouta : Je l'accomplis même avec grand plaisir.

Geneviève conduisit alors Maurice vers un grand cabinet de toilette d'une élégance et d'une distinction qu'il ne s'attendait pas à trouver dans la maison d'un maître tanneur. Il est vrai que ce maître tanneur paraissait millionnaire.

Puis elle ouvrit toutes les armoires.

— Prenez, dit-elle, vous êtes chez vous.

Et elle se retira.

Quand Maurice sortit, il trouva Dixmer, qui était revenu.

— Allons! allons! dit-il, à table; on n'attend plus que vous.

IX

Le souper.

Lorsque Maurice entra avec Dixmer et Geneviève dans la salle à manger située dans le corps de bâtiment où on l'avait conduit d'abord, le souper était tout dressé, mais la salle était encore vide.

Il vit entrer successivement tous les convives au nombre de six.

C'étaient tous des hommes d'un extérieur agréable, jeunes pour la plupart, vêtus à la mode du jour, deux ou trois même avaient la carmagnole et le bonnet rouge.

Dixmer leur présenta Maurice en énonçant ses titres et qualités.

Puis se retournant vers Maurice :

— Vous voyez, dit-il, citoyen Lindey, toutes les personnes qui m'aident dans mon commerce; grâce au temps où nous vivons, grâce aux principes révolutionnaires qui ont effacé la distance, nous vivons tous sur le pied de la plus sainte égalité. Tous les jours la même table nous réunit deux fois, et je suis heureux que vous ayez bien voulu partager notre repas de famille. Allons! à table, citoyens, à table.

— Et... et M. Morand, dit timidement Geneviève, ne l'attendons-nous pas?

— Ah! c'est vrai, répondit Dixmer. Le citoyen Morand dont je vous ai déjà parlé, citoyen Lindey, est mon associé. C'est lui qui est chargé, si je puis le dire, de la partie morale de la maison; il fait les écritures, tient la caisse, règle les factures, donne et reçoit l'argent, ce qui fait que c'est celui de nous tous qui a le plus de besogne. Il en résulte qu'il est quelquefois en retard. Je vais le faire prévenir.

En ce moment la porte s'ouvrit et le citoyen Morand entra.

C'était un homme de petite taille, brun, aux sourcils épais; des lunettes vertes comme en portent les hommes dont la vue est fatiguée par le travail, cachaient ses yeux noirs, mais n'empêchaient pas l'étincelle d'en jaillir. Aux premiers mots qu'il dit, Maurice reconnut cette voix douce et impérieuse à la fois qui avait été constamment dans cette terrible discussion dont il avait été victime pour les voies de douceur; il était vêtu d'un habit brun à larges boutons, d'une veste de soie blanche, et son jabot assez fin fut souvent, pendant le souper, tourmenté par une main dont Maurice, sans doute parce que c'était celle d'un marchand tanneur, admira beaucoup la blancheur et la délicatesse.

On prit place. Le citoyen Morand fut placé à la droite de Geneviève Maurice à sa gauche; Dixmer s'assit en face de sa femme; les autres convives prirent indifféremment leur posté autour d'une table oblongue.

Le souper était recherché : Dixmer avait un appétit d'industriel et faisait avec beaucoup de bonhomie les honneurs de sa table. Les ouvriers, ou ceux qui passaient pour tels, lui faisaient, sous ce rapport, bonne et franche compagnie. Le citoyen Morand parlait peu, mangeait moins encore, ne buvait presque pas et riait rarement : Maurice, peut-être à cause des souvenirs que lui rappelait sa voix, éprouva bientôt pour lui une vive sympathie ; seulement il était en doute sur son âge, et ce doute l'inquiétait ; tantôt il le prenait pour un homme de quarante à quarante-cinq ans et tantôt pour un tout jeune homme.

Dixmer se crut, en se mettant à table, obligé de donner à ses convives une sorte de raison de l'admission d'un étranger dans leur petit cercle.

Il s'en acquitta en homme naïf et peu habitué à mentir. Mais les convives ne paraissaient pas difficiles en matière de raisons, à ce qu'il paraît, car, malgré toute la maladresse que mit le fabricant de pelleteries dans l'introduction du jeune homme, son petit discours d'introduction satisfit tout le monde.

Maurice le regardait avec étonnement.

— Sur mon honneur, se disait-il en lui-même, je crois que je me trompe moi-même. Est-ce bien là le même homme, qui, l'œil ardent, la voix menaçante, me poursuivait une carabine à la main, et voulait absolument me tuer, il y a trois quarts-d'heure ? En ce moment-là je l'eusse pris pour un héros ou pour un assassin. Mordieu ! comme l'amour des pelleteries vous transforme un homme !

Il y avait au fond du cœur de Maurice, tandis qu'il faisait toutes ces observations, une douleur et une joie si profondes toutes deux, que le jeune homme n'eût pu se dire au juste quelle était la situation de son ame. Il se retrouvait enfin près de cette belle inconnue qu'il avait tant cherchée : comme il l'avait rêvé d'avance, elle portait un doux nom. Il s'enivrait du bonheur de la sentir à son côté; il absorbait ses moindres paroles, et le son de sa voix, toutes les fois qu'elle résonnait; faisait vibrer jusqu'aux cordes les plus secrètes de son cœur. Mais ce cœur était brisé par ce qu'il voyait.

Geneviève était bien telle qu'il l'avait entrevue : ce rêve d'une nuit orageuse, la réalité ne l'avait pas détruit. C'était bien la femme élégante, à l'œil triste, à l'esprit élevé. C'était bien, ce qui était arrivé si souvent dans les dernières années qui avaient précédé cette fameuse année 93 dans laquelle on se trouvait, c'était bien la jeune fille de distinction, obligée à cause de la ruine toujours plus profonde dans laquelle était tombée la noblesse, de s'allier à la bourgeoisie, au commerce. Dixmer paraissait un brave homme; il était riche incontestablement; ses manières avec Geneviève semblaient être celles d'un homme qui prend à tâche de rendre une femme heureuse. Mais cette bonhomie, cette richesse, ces intentions excellentes, pouvaient-elles combler cette immense distance qui existait entre la femme et le mari, entre la jeune fille poétique, distinguée, charmante, et l'homme aux occupations matérielles et à l'aspect vulgaire? Avec quel sentiment Geneviève comblait-elle cet abîme?... Hélas! le hasard le disait assez maintenant à Maurice, avec l'amour. Et il lui fallait bien en revenir à cette première opinion qu'il avait eue de la jeune femme, c'est-à-dire que le soir où il l'avait rencontrée, elle revenait d'un rendez-vous d'amour.

Cette idée que Geneviève aimait un homme torturait le cœur de Maurice.

Alors il soupirait, alors il regrettait d'être venu pour prendre une dose plus active encore de ce poison qu'on appelle amour.

Puis dans d'autres momens, en écoutant cette voix si douce, si pure et si harmonieuse, en interrogeant ce regard si limpide, qui semblait ne pas craindre que par lui on pût lire jusqu'au plus profond de son ame, Maurice en arrivait à croire qu'il était impossible qu'une pareille créature pût tromper, et alors il éprouvait une joie amère à songer que ce beau corps, ame et matière, appartenait à ce bon bourgeois, au sourire honnête, aux plaisanteries vulgaires, et ne serait jamais qu'à lui.

On parla politique : ce ne pouvait guère être autrement. Que dire à une époque où la politique se mêlait à tout, était peinte au fond des assiettes, couvrait toutes les murailles, était proclamée à chaque heure dans les rues.

Tout à coup un des convives, qui

jusque-là avait gardé le silence, demanda des nouvelles des prisonniers du Temple.

Maurice tressaillit malgré lui au timbre de cette voix. Il avait reconnu l'homme qui, toujours pour les moyens extrêmes, l'avait d'abord frappé de son couteau et avait ensuite voté pour la mort.

Cependant cet homme, honnête tanneur, chef de l'atelier, du moins Dixmer le proclama tel, réveilla bientôt la belle humeur de Maurice en exprimant les idées les plus patriotiques et les principes les plus révolutionnaires. Le jeune homme, dans certaines circonstances, n'était point ennemi de ces mesures vigoureuses, si fort à la mode à cette époque, et dont Danton était l'apôtre et le héros. A la place de cet homme, dont l'arme et la voix lui avaient fait éprouver et lui faisaient éprouver encore de si poignantes sensations, il n'eût pas assassiné celui qu'il eût pris pour un espion, mais il l'eût lâché dans un jardin, et là, à armes égales, un sabre à la main comme son adversaire, il l'eût combattu sans merci, sans miséricorde. Voilà ce qu'eût fait Maurice. Mais il comprit bientôt que c'était trop demander d'un garçon tanneur, que de demander qu'il fît ce que Maurice aurait fait.

Cet homme aux mesures extrêmes et

qui paraissait avoir dans ses idées politiques les mêmes systèmes violens que dans sa conduite privée, parlait donc du Temple et s'étonnait qu'on confiât la garde de ses prisonniers à un conseil permanent facile à corrompre, et à des municipaux dont la fidélité avait été plus d'une fois déjà tentée.

— Oui, dit le citoyen Morand, mais il faut convenir qu'en toute occasion, jusqu'à présent, la conduite de ces municipaux a justifié la confiance que la nation avait en eux, et l'histoire dira qu'il n'y avait pas que le citoyen Robespierre qui méritât le surnom d'incorruptible.

— Sans doute, sans doute, reprit

l'interlocuteur, mais de ce qu'une chose n'est point arrivée encore, il serait absurde de conclure qu'elle n'arrivera jamais. C'est comme pour la garde nationale, continua le chef d'atelier, eh bien! les compagnies des différentes sections sont convoquées chacune à son tour pour le service du Temple, et cela indifféremment. Eh bien! n'admettez-vous point qu'il puisse y avoir dans une compagnie de vingt ou vingt-cinq hommes un noyau de huit ou dix gaillards bien déterminés, qui une belle nuit égorgent les sentinelles et enlèvent les prisonniers.

— Bah! dit Maurice, tu vois, citoyen,

que c'est un mauvais moyen, puisqu'il y a trois semaines ou un mois on a voulu l'employer et qu'on n'a point réussi.

— Oui, reprit Morand, mais parce qu'un des aristocrates qui composaient la patrouille, a eu l'imprudence en parlant, je ne sais à qui, de laisser échapper le mot *monsieur*.

— Et puis, dit Maurice qui tenait à prouver que la police de la république était bien faite, parce que l'on s'était déjà aperçu de l'entrée du chevalier de Maison-Rouge dans Paris.

— Bah! s'écria Dixmer.

— On savait que Maison-Rouge était

entré dans Paris? demanda froidement Morand. Et savait-on par quel moyen il y était entré?

— Parfaitement.

— Ah! diable! dit Morand en se penchant en avant pour regarder Maurice. Je serais curieux de savoir cela, jusqu'à présent on n'a rien pu nous dire encore de positif là-dessus. Mais vous, citoyen, vous le secrétaire d'une des principales sections de Paris, vous devez être mieux renseigné?

— Sans doute, dit Maurice, aussi ce que je vais vous dire est-il l'exacte vérité.

Tous les convives et même Geneviève parurent accorder la plus grande attention à ce qu'allait dire le jeune homme.

— Eh bien ! dit Maurice, le chevalier de Maison-Rouge venait de Vendée, à ce qu'il paraît; il avait traversé toute la France avec son bonheur ordinaire; arrivé pendant la journée à la barrière du Roule, il a attendu jusqu'à neuf heures du soir. A neuf heures du soir une femme, déguisée en femme du peuple, est sortie par cette barrière portant au chevalier un costume de chasseur de la garde nationale; dix minutes après elle est rentrée avec lui; la sentinelle qui l'avait vue sortir seule a eu des soupçons en la voyant rentrer accompagnée. Il a donné l'alarme au poste, le poste est sorti, les deux coupables ont compris que c'était à eux qu'on en voulait, se sont jetés dans un hôtel qui leur a ouvert une seconde porte sur les Champs-Elysées. Il paraît qu'une patrouille toute dévouée aux tyrans attendait le chevalier au coin de la rue Barre-du-Bec, vous savez le reste.

— Ah ! ah ! dit Morand ; c'est curieux ce que vous nous racontez là...

— Et surtout positif, dit Maurice.

— Oui, cela en a l'air ; mais la

femme, sait-on ce qu'elle est devenue?...

— Non, elle a disparu, et l'on ignore complètement qui elle est et ce qu'elle est.

L'associé du citoyen Dixmer et le citoyen Dixmer lui-même parurent respirer plus librement.

Geneviève avait écouté tout ce récit pâle, immobile et muette.

— Mais, dit le citoyen Morand avec sa froideur ordinaire, qui peut dire que le chevalier de Maison-Rouge faisait partie de cette patrouille qui a donné l'alarme au Temple?

— Un municipal de mes amis qui, ce jour-là, était de service au Temple, l'a reconnu.

— Il savait donc son signalement ?

— Il l'avait vu autrefois.

— Et quel homme est-ce physiquement que ce chevalier de Maison-Rouge ? demanda Morand.

— Un homme de vingt-cinq à vingt-six ans, petit, blond, d'un visage agréable, avec des yeux magnifiques et des dents superbes.

Il se fit un profond silence.

— Eh bien ! dit Morand, si votre

ami le municipal a reconnu ce prétendu chevalier de Maison-Rouge, pourquoi ne l'a-t-il pas arrêté ?

— D'abord parce que ne sachant pas son arrivée à Paris, il a craint d'être dupe d'une ressemblance, et puis mon ami est un peu tiède, il a fait ce que font les sages et les tièdes : dans le doute, il s'est abstenu.

— Vous n'auriez pas agi ainsi, citoyen? dit Dixmer à Maurice en riant brusquement.

— Non, dit Maurice, je l'avoue; j'aurais mieux aimé me tromper que de laisser échapper un homme aussi dangereux que l'est ce chevalier de Maison-Rouge.

— Et qu'eussiez-vous donc fait, monsieur? demanda Geneviève.

— Ce que j'eusse fait, citoyenne, dit Maurice, oh! mon Dieu! ce n'eût pas été long; j'eusse fait fermer toutes les portes du Temple; j'eusse été droit à la patrouille, et j'eusse mis la main sur le collet du chevalier, en lui disant : Chevalier de Maison-Rouge, je vous arrête comme traître à la nation; et une fois que je lui eusse mis la main au collet, je ne l'eusse point lâché, je vous en réponds.

— Mais que serait-il arrivé alors? demanda Geneviève.

— Il serait arrivé qu'on lui aurait

fait son procès à lui et à ses complices, et qu'à l'heure qu'il est il serait guillotiné, voilà tout.

Geneviève frissonna et lança à son voisin un coup-d'œil d'effroi.

Mais le citoyen Morand ne parut pas remarquer ce coup-d'œil, et vidant flegmatiquement son verre :

— Le citoyen Lindey a raison, dit-il ; il n'y avait que cela à faire ; malheureusement, on ne l'a pas fait.

— Et, demanda Geneviève, sait-on ce qu'est devenu ce chevalier de Maison-Rouge ?

— Bah! fit Dixmer, il est probable qu'il n'a pas demandé son reste, et que, voyant sa tentative avortée, il aura quitté immédiatement Paris.

— Et peut-être même la France, ajouta Morand.

— Pas du tout, pas du tout, dit Maurice.

— Comment! il a eu l'imprudence de rester à Paris ! s'écria Geneviève.

— Il n'en a pas bougé.

Un mouvement général d'étonnement accueillit cette opinion émise par Maurice avec une si grande assurance.

— C'est une présomption que vous émettez là, citoyen, dit Morand, une présomption, voilà tout.

— Non pas; c'est un fait que j'affirme.

— Oh! dit Geneviève, j'avoue que, pour mon compte, je ne puis croire à ce que vous dites, citoyen; ce serait d'une imprudence impardonnable.

— Vous êtes femme, citoyenne; vous comprendrez donc une chose qui a dû l'emporter chez un homme du caractère du chevalier de Maison-Rouge sur toutes les considérations de sécurité personnelle possibles.

— Et quelle chose peut l'emporter sur la crainte de perdre la vie d'une façon si affreuse?

— Eh! mon Dieu, citoyenne, dit Maurice, l'amour.

— L'amour! répéta Geneviève.

— Sans doute. Ne savez-vous donc pas que le chevalier de Maison-Rouge est amoureux d'Antoinette?

Deux ou trois rires d'incrédulité éclatèrent timides et forcés. Dixmer regarda Maurice, comme pour lire jusqu'au fond de son ame. Geneviève sentit des larmes mouiller ses yeux, et un frissonnement, qui ne put échapper à Maurice, courut par tout son corps. Le citoyen Morand répandit le vin de son verre, qu'il portait en ce moment à ses lèvres, et sa pâleur eût effrayé Maurice, si toute l'attention du jeune homme n'eût été en ce moment concentrée sur Geneviève.

— Vous êtes émue, citoyenne, murmura Maurice.

— N'avez-vous point dit que je comprendrais parce que j'étais femme? Eh bien! nous autres femmes, un dévoûment, si opposé qu'il soit à nos principes, nous touche toujours.

— Et celui du chevalier de Maison-Rouge est d'autant plus grand, dit Maurice, qu'on assure qu'il n'a jamais parlé à la reine.

— Ah! ça, citoyen Lindey, dit l'homme aux moyens extrêmes, il me semble, permets-moi de le dire, que tu es bien indulgent pour ce chevalier...

— Monsieur! dit Maurice en se servant peut-être avec intention du mot qui avait cessé d'être en usage; j'aime toutes les natures fières et courageuses: ce qui ne m'empêche pas de les combattre quand je les rencontre dans les rangs de mes ennemis. Je ne désespère pas de rencontrer un jour le chevalier de Maison-Rouge.

— Et... fit Geneviève.

— Et si je le rencontre... eh bien! je le combattrai.

Le souper était fini. Geneviève donna l'exemple de la retraite en se levant elle-même.

En ce moment la pendule sonna.

— Minuit, dit froidement Morand.

— Minuit! s'écria Maurice, minuit déjà!

— Voilà une exclamation qui me fait plaisir, dit Dixmer; elle prouve que vous ne vous êtes pas ennuyé, et elle me donne l'espoir que nous nous reverrons. C'est la maison d'un bon patriote qu'on vous ouvre, et j'espère que vous vous apercevrez bientôt, citoyen, que c'est celle d'un ami.

Maurice salua, et se retournant vers Geneviève :

—La citoyenne me permet-elle aussi de revenir? demanda-t-il.

— Je fais plus que le permettre, je vous en prie, dit vivement Geneviève. Adieu, citoyen.

Et elle rentra chez elle.

Maurice prit congé de tous les convives, salua particulièrement Morand qui lui avait beaucoup plu, serra la main de Dixmer et partit étourdi, mais bien plus joyeux qu'attristé de tous les événemens si différens les uns des autres qui avaient agité sa soirée.

— Fâcheuse, fâcheuse rencontre ! dit après la retraite de Maurice la jeune femme fondant en larmes en présence de son mari qui l'avait reconduite chez elle.

— Bah ! le citoyen Maurice Lindey, patriote reconnu, secrétaire d'une section, pur, adoré, populaire est, au contraire, une bien précieuse acquisition pour un pauvre tanneur qui a chez lui de la marchandise de contrebande, répondit Dixmer en souriant.

— Ainsi, vous croyez, mon ami? demanda timidement Geneviève.

— Je crois que c'est un brevet de patriotisme, un cachet d'absolution qu'il pose sur notre maison; et je pense qu'à partir de cette soirée le chevalier de Maison-Rouge lui-même serait en sûreté chez nous.

Et Dixmer baisant sa femme au front avec une affection bien plus paternelle que conjugale, la laissa dans ce petit pavillon qui lui était entièrement consacré, et repassa dans l'autre partie du bâtiment qu'il habitait, avec les convives que nous avons vu entourer sa table.

X

Le savetier Simon.

On était arrivé au commencement du mois de mai : un jour pur dilatait les poitrines lassées de respirer les brouillards glacés de l'hiver, et les rayons d'un soleil tiède et vivifiant descendaient sur la noire muraille du Temple.

Au guichet de l'intérieur qui séparait la tour des jardins, riaient et fumaient les soldats du poste.

Mais malgré cette belle journée, malgré l'offre qui fut faite aux prisonnières de descendre et de se promener au jardin, les trois femmes refusèrent: depuis l'exécution de son mari, la reine se tenait obstinément dans sa chambre pour n'avoir point à passer devant la porte de l'appartement qu'avait occupé le roi au second étage.

Quand elle prenait l'air par hasard depuis cette fatale époque du 21 janvier, c'était sur le haut de la tour dont on avait fermé les créneaux avec des jalousies.

Les gardes nationaux de service qui étaient prévenus que les trois femmes avaient l'autorisation de sortir, attendirent donc vainement toute la journée qu'elles voulussent bien user de l'autorisation.

Vers cinq heures un homme descendit et s'approcha du sergent commandant le poste.

— Ah! ah! c'est toi, père Tison, dit celui-ci, qui paraissait un garde national de joyeuse humeur.

— Oui, c'est moi, citoyen; je t'apporte de la part du municipal Maurice Lindey, ton ami qui est là haut, cette permission accordée par le conseil du Temple à ma fille de venir faire ce soir une petite visite à sa mère.

— Et tu sors au moment où ta fille va venir, père dénaturé? dit le sergent.

— Ah! je sors bien à contre-cœur, citoyen sergent. J'espérais, moi aussi, voir ma pauvre enfant que je n'ai pas vue depuis deux mois, et l'embrasser... là ce qui s'appelle crânement, comme un père embrasse sa fille. Mais oui, va te promener. Le service, ce service damné, me force à sortir. Il faut que j'aille à la Commune faire mon rapport. Un fiacre m'attend à la porte avec deux gendarmes, et cela juste au moment où ma pauvre Sophie va venir.

— Malheureux père, dit le sergent.

> Ainsi l'amour de la patrie
> Etouffe en toi la voix du sang.
> L'une gémit et l'autre prie :
> Au devoir immole...

— Dites donc, père Tison, si tu trouves par hasard une rime en *ang*, tu me la rapporteras. Elle me manque pour le moment.

— Et toi, citoyen sergent, quand ma fille viendra pour voir sa pauvre mère, qui meurt de ne pas la voir, tu la laisseras passer.

— L'ordre est en règle, répondit le sergent, que le lecteur a déjà reconnu, sans doute, pour notre ami Lorin, ainsi je n'ai rien à dire; quand ta fille viendra, ta fille passera.

— Merci, brave Thermopyle, merci, dit Tison.

Et il sortit pour aller faire son rapport à la Commune, en murmurant :

— Ah! ma pauvre femme, va-t-elle être heureuse !

— Sais-tu, sergent, dit un garde national en voyant s'éloigner Tison, et en entendant les paroles qu'il prononçait en s'éloignant, sais-tu que ça fait frissonner au fond ces choses-là ?

— Et quelles choses, citoyen Devaux ? demanda Lorin.

— Comment donc, reprit le compâtissant garde national, de voir cet homme au visage si dur, cet homme au cœur de bronze, cet impitoyable gardien de la reine, s'en aller la larme à l'œil, moitié de joie, moitié de douleur, en songeant que sa femme va voir sa fille, et que lui ne la verra pas ! Il ne faut pas trop réfléchir la-dessus, sergent, car, en vérité, cela attriste...

— Sans doute, et voilà pourquoi il ne réfléchit pas lui-même, cet homme qui s'en va la larme à l'œil, comme tu dis.

— Et à quoi réfléchirait-il ?

— Eh ! bien, qu'il y a trois mois aussi que cette femme qu'il brutalise sans pitié n'a vu son enfant. Il ne songe pas à son malheur, à elle, il songe à son malheur, à lui; voilà tout. Il est vrai que cette femme était reine, continua le sergent d'un ton railleur dont il eut été difficile d'interpréter le sens, et qu'on n'est point forcé d'avoir pour une reine les égards qu'on a pour la femme d'un journalier.

— N'importe, tout cela est fort triste, dit Devaux.

— Triste, mais nécessaire, dit Lorin; le mieux donc est, comme tu l'as dit, de ne pas réfléchir...

Et il se mit à fredonner :

> Hier Nicette
> Sous des bosquets,
> Sombres et frais,
> Marchait seulette.

Lorin en était là de sa chanson bucolique, quand tout à coup un grand bruit se fit entendre du côté gauche du poste : il se composait de juremens, de menaces et de pleurs.

— Qu'est-ce que cela? demanda Devaux.

— On dirait d'une voix d'enfant, répondit Lorin en écoutant.

— En effet, reprit le garde national, c'est un pauvre petit que l'on bat; en vérité, on ne devrait envoyer ici que ceux qui n'ont pas d'enfans.

— Veux-tu chanter? dit une voix rauque et avinée.

Et la voix chanta comme pour donner l'exemple :

Madam' Veto avait promis
De faire égorger tout Paris...

— Non, dit l'enfant, je ne chanterai pas.

— Veux-tu chanter ?

Et la voix recommença :

Madam' Veto avait promis.

— Non, dit l'enfant, non, non, non

— Ah! petit gueux, dit la voix rauque.

Et un bruit de lanière sifflante fendit l'air. L'enfant poussa un hurlement de douleur.

— Ah! sacrebleu! dit Lorin, c'est

cet infâme Simon qui bat le petit Capet.

Quelques gardes nationaux haussèrent les épaules, deux ou trois essayèrent de sourire. Devaux se leva et s'éloigna.

— Je le disais bien, murmura-t-il, que les pères ne devraient jamais entrer ici.

Tout-à-coup une porte basse s'ouvrit, et l'enfant royal, chassé par le fouet de son gardien, fit en fuyant plusieurs pas dans la cour ; mais derrière lui quelque chose de lourd retentit sur le pavé et l'atteignit à la jambe.

— Ah! cria l'enfant.

Et il trébucha et tomba sur un genou.

— Rapporte-moi ma forme, petit monstre, ou sinon...

L'enfant se releva et secoua la tête en manière de refus.

— Ah! c'est comme ça..... cria la même voix, attends, attends, tu vas voir.

Et le savetier Simon déboucha de sa loge comme une bête fauve de sa tannière.

— Holà! holà! dit Lorin en fronçant le sourcil, où allons-nous comme cela, maître Simon?

— Châtier ce petit louveteau, dit le savetier.

— Et pourquoi le châtier? dit Lorin.

— Pourquoi?

— Oui.

— Parce que ce petit gueux ne veut chanter ni comme un bon patriote, ni travailler comme un bon citoyen.

— Eh bien! qu'est-ce que cela te fait, répondit Lorin, est-ce que la nation t'a confié Capet pour lui apprendre à chanter?

— Ah! ça, dit Simon étonné, de quoi te mêles-tu, citoyen sergent? Je te le demande.

— De quoi je me mêle? je me mêle de ce qui regarde tout homme de cœur. Or, il est indigne d'un homme de cœur qui voit battre un enfant de souffrir qu'on le batte.

— Bah! le fils du tyran.

— Est un enfant, un enfant qui n'a point participé aux crimes de son père, un enfant qui n'est point coupable, et que, par conséquent, on ne doit point punir.

— Et moi, je te dis qu'on me l'a donné pour en faire ce que je voudrais. Je veux qu'il chante la chanson de madame Veto, et il la chantera.

— Mais, misérable, dit Lorin, madame Veto, c'est sa mère à cet enfant ; voudrais-tu, toi, qu'on forçât ton fils à chanter que tu es une canaille?

— Moi, hurla Simon; ah! mauvais aristocrate de sergent.

— Ah! pas d'injures, dit Lorin, je ne suis pas Capet, moi... et l'on ne me fait pas chanter de force.

— Je te ferai arrêter, mauvais ci-devant.

— Toi, dit Lorin, tu me feras arrêter ; essaie donc un peu de faire arrêter un Thermopyle.

— Bon, bon, rira bien qui rira le dernier ; en attendant, Capet, ramasse ma forme et viens faire ton soulier, ou mille tonnerres !...

— Et moi, dit Lorin en pâlissant affreusement et en faisant un pas en avant, les poings raidis et les dents serrées, moi je te dis qu'il ne ramassera pas ta forme ; moi je te dis qu'il ne fera pas de souliers, entends-tu, mauvais drôle. Ah ! oui, tu as là ton grand sabre, mais il ne me fait pas plus peur que toi. Ose-le tirer seulement.

— Ah! massacre, hurla Simon blémissant de rage.

En ce moment deux femmes entrèrent dans la cour : l'une des deux tenait un papier à la main ; elle s'adressa à la sentinelle.

— Sergent, cria la sentinelle, c'est la fille de Tison qui demande à voir sa mère.

— Laisse passer, puisque le conseil du Temple le permet, dit Lorin, qui ne voulait pas se détourner un instant, de peur que Simon ne profitât de sa distraction pour battre l'enfant.

La sentinelle laissa passer les deux femmes ; mais à peine eurent-elles monté quatre marches de l'escalier sombre, qu'elles rencontrèrent Maurice Lindey qui descendait un instant dans la cour.

La nuit était presque venue, de sorte qu'on ne pouvait distinguer les traits de leur visage.

Maurice les arrêta.

— Qui êtes-vous, citoyennes, demanda-t-il, et que voulez-vous ?

— Je suis Sophie Tison, dit l'une des deux femmes. J'ai obtenu la permission de voir ma mère, et je la viens voir.

— Oui, dit Maurice ; mais la permission est pour toi seule, citoyenne.

— J'ai amené mon amie pour que nous soyons deux femmes au moins au milieu des soldats.

— Fort bien ; mais ton amie ne montera pas.

— Comme il vous plaira, citoyen, dit Sophie Tison en serrant la main de son amie, qui, collée contre la muraille, semblait frappée de surprise et d'effroi.

— Citoyens factionnaires, cria Maurice en levant la tête et en s'adressant aux sentinelles qui étaient placées à chaque étage, laissez passer la citoyenne Tison ; seulement, son amie ne peut point passer. Elle attendra sur l'escalier, et vous veillerez à ce qu'on la respecte.

— Oui, citoyen, répondirent les sentinelles.

— Montez donc, dit Maurice.

Les deux femmes passèrent.

Quant à Maurice, il sauta les quatre ou cinq marches qui lui restaient à descendre, et s'avança rapidement dans la cour.

— Qu'y a-t-il donc, dit-il aux gardes nationaux, et qui cause ce bruit. On entend des cris d'enfant jusque dans l'antichambre des prisonnières ?

— Il y a, dit Simon, qui, habitué aux manières des municipaux, crut, en apercevant Maurice, qu'il lui arrivait du renfort ; il y a que c'est ce traître, cet aristocrate, ce ci-devant, qui m'empêche de rosser Capet.

Et il montra du poing Lorin.

— Oui, mordieu! je l'en empêche, dit Lorin en dégaînant, et si tu m'appelles encore une seule fois ci-devant, aristocrate ou traître, je te passe mon sabre au travers du corps.

— Une menace, s'écria Simon, à la garde! à la garde!

— C'est moi qui suis la garde, dit

Lorin ; ne m'appelle donc pas, car si je vais à toi, je t'extermine.

— A moi, citoyen municipal, à moi, s'écria Simon, sérieusement menacé cette fois par Lorin.

— Le sergent a raison, dit froidement le municipal que Simon appelait à son aide; tu déshonores la nation, lâche, tu bats un enfant.

— Et pourquoi le bat-il, comprends-tu, Maurice, parce que l'enfant ne veut pas chanter *Madame Veto*, parce que le fils ne veut pas insulter sa mère.

— Misérable ! dit Maurice.

— Et toi aussi? dit Simon. Mais je suis donc entouré de traîtres.

— Ah! coquin, dit le municipal en saisissant Simon à la gorge et en lui arrachant sa lanière des mains ; essaie un peu de prouver que Maurice Lindey est un traître

Et il fit tomber rudement la courroie sur les épaules du savetier.

— Merci, monsieur, dit l'enfant, qui regardait stoïquement cette scène ; mais c'est sur moi qu'il se vengera.

— Viens, Capet, dit Lorin, viens, mon enfant, s'il te bat encore, appelle à l'aide et on ira le châtier, ce bourreau. Allons, allons! petit Capet, rentre dans ta tour.

— Pourquoi m'appelez-vous Capet, vous qui me protégez, dit l'enfant; vous savez bien que Capet n'est pas mon nom.

— Comment ce n'est pas ton nom, dit Lorin ; comment t'appelles-tu ?

— Je m'appelle Louis-Charles de Bourbon. Capet est le nom d'un de mes ancêtres. Je sais l'histoire de France ; mon père me l'a apprise.

— Et tu veux apprendre à faire des savates à un enfant à qui un roi a appris l'histoire de France ! s'écria Lorin. Allons donc.

— Oh! sois tranquille, dit Maurice à l'enfant, je ferai mon rapport.

— Et moi le mien, dit Simon. Je dirai entre autres choses qu'au lieu d'une femme seulement qui avait le droit d'entrer dans la tour, vous en avez laissé passer deux.

En ce moment en effet les deux femmes sortaient du donjon. Maurice courut à elles.

— Eh! bien, citoyenne, dit-il en s'adressant à celle qui était de son côté; as-tu vu ta mère?

Sophie Tison passa à l'instant même entre le municipal et sa compagne.

— Oui, citoyen, merci, dit-elle.

Maurice aurait voulu voir l'amie de la jeune fille, ou tout au moins entendre sa voix ; mais elle était enveloppée dans sa mante et semblait décidée à ne pas prononcer une seule parole. Il lui sembla même qu'elle tremblait.

Cette crainte donna des soupçons.

Il remonta précipitamment, et en arrivant dans la première pièce, il vit à travers le vitrage la reine cacher dans sa poche quelque chose qu'il supposa être un billet.

— Oh! oh! dit-il, aurais-je été dupe?

Il appela son collègue.

— Citoyen Agricola, dit-il, entre chez Marie-Antoinette et ne la perds pas de vue.

— Ouais! fit le municipal, est-ce que...

— Entre, te dis-je, et cela sans perdre un instant, une minute, une seconde.

Le municipal entra chez la reine.

— Appelle la femme Tison, dit-il à un garde national.

Cinq minutes après la femme Tison arrivait rayonnante.

— J'ai vu ma fille, dit-elle.

— Où cela, demanda Maurice.

— Ici même, dans cette antichambre.

— Bien. Et ta fille n'a point demandé à voir l'Autrichienne ?

— Non.

— Elle n'est pas entrée chez elle ?

— Non.

— Et pendant que tu causais avec ta fille, personne n'est sorti de la chambre des prisonnières.

— Est-ce que je sais, moi. Je regardais ma fille que je n'avais pas vue depuis trois mois.

— Rappelle-toi bien.

— Ah! oui, je crois me souvenir.

— De quoi?

— La jeune fille est sortie.

— Marie-Thérèse ?

— Oui.

— Et elle a parlé à ta fille?

— Non.

— Ta fille ne lui a rien remis?

— Non.

— Elle n'a rien ramassé à terre ?

— Ma fille ?

— Non celle de Marie-Antoinette ?

— Si fait, elle a ramassé son mouchoir.

— Ah ! malheureuse ! s'écria Maurice.

Et il s'élance vers le cordon d'une cloche qu'il tira vivement.

C'était la cloche d'alarme.

FIN DU PREMIER VOLUME.

TABLE

Des chapitres du premier volume.

Chap.   I. — Les enrôlés volontaires... 1
    II. — L'inconnue... 37
    III. — La rue des Fossés-Saint-Victor... 65
    IV. — Mœurs du temps... 91
    V. — Quel homme c'était que le citoyen Maurice Lindey... 121
    VI. — Le Temple... 139
    VII. — Serment de joueur... 173
    VIII. — Geneviève... 203
    IX. — Le souper... 239
    X. — Le savetier Simon... 275

FIN DE LA TABLE DU PREMIER VOLUME.

Fontainebleau, Imp de E. Jacquin.

www.ingramcontent.com/pod-product-compliance
Lightning Source LLC
Chambersburg PA
CBHW071300160426
43196CB00009B/1363